IB 교육 실현을 위한

학습 접근 방법

교사 지침서

Lance G. King 저 | 고은지 · 이요나 · 박태호 공역

TEACHING
ATL SKILLS

학지사

Teaching ATL Skills
by Lance G. King

역자 서문

오늘날의 교육은 단순한 지식 전달을 넘어 학생들이 스스로 '배우는 방법을 배우고(learning how to learn)' 급변하는 미래 사회에 능동적으로 대응할 수 있는 핵심 역량을 기르는 데 초점을 맞추고 있습니다. 이는 OECD 교육 2030의 비전과도 일치하며 2022 개정 교육과정이 강조하는 '핵심 역량'과도 긴밀하게 연결됩니다.

국제 바칼로레아(International Baccalaureate: IB)에서 제시하는 학습 접근 방법(Approaches To Learning: ATL)은 바로 이러한 미래 핵심 역량을 학교 현장에서 명시적으로 가르치고 기를 수 있도록 돕는 강력한 도구입니다. 자기 관리, 조사, 의사소통, 대인 관계, 사고 기능 등의 ATL 기능은 학생이 자기 주도적으로 탐구 학습을 수행하고 학습을 조율하는 데 필수적인 기반이 됩니다.

우리나라에서도 전국 12개 시·도 교육청이 IB 교육과정 도입을 추진하면서 가장 많은 관심과 질문을 받았던 부분 중 하나가 바로 'IB 학습 접근 방법(ATL)은 무엇이고 실제 수업 속에서 어떻게 구현할 수 있는가?'였습니다. 이러한 고민에 대한 해답이자 실천적 대안을 제시하는 책이 바로 『학습 접근 방법 교사 지침서』입니다.

이 책은 IB ATL을 개발한 랜스 킹(Lance G. King)의 교육 철학과 실천 경험이 집약된 교사용 지침서로 IB 교사들에게 ATL 프레임워크를 깊이 있게 이해하고 설계하는 데 든든한 안내서가 되어 줄 것입니다. 아울러, IB 교육과정을 운영하지 않는 일반 공교육 교육현장에서도 2022 개정 교육과정의 핵심 역량을 위한 효과적인 교수·학습 전략서로 충분히 활용될 수 있는 실천적 지침서이기도 합니다.

이 책을 통해 더 많은 교사가 ATL 기능의 가치와 구체적인 전략을 이해하고 이를 교실 수업에서 학생의 성장과 자율성을 지원하는 데 적극적으로 활용하길 바랍니다.

이 책을 국내에 소개할 수 있도록 아낌없는 격려와 지원을 보내 주신 저자 랜스 킹께 깊이 감사드립니다. 마지막 감수를 맡아 세심하게 보완해 주신 이진영 선생님께도 감사의 마음을 전합니다. 끝으로, 이 책의 출간을 위해 처음부터 끝까지 지원해 주신 학지사 김진환 대표님과 관계자 여러분께도 진심으로 감사의 말씀 전합니다.

2025년 가을

역자 일동

일러 두기

본문에 표시된 미주는 책 뒤에 제시된 참고 자료 번호입니다.

차례

● 역자 서문 _ 3

제1장 ATL 기능 교육에 대한 세계적 필요성 ◆ 9

코로나19로부터 우리는 무엇을 배울 수 있었는가 _ 9

제2장 성공적인 사고 및 학습 기능 프로그램의 핵심 설계 요소 ◆ 25

자격 및 교육과정 개발청 _ 26

끝을 염두에 두고 시작하라 _ 28

ATL 기능에 대한 메타인지적 자기 평가 _ 35

ATL 기능의 자기 평가: 루브릭 … 36

학생을 위한 지침: ATL 기능 숙련도의 자기 평가 방법 … 38

시간 확보 _ 41

ATL 기능 개발의 명시적 · 암시적 모델 _ 51

명시적 교수 … 51 암시적 교수 … 52

제3장 ATL 기능 프레임워크: ATL 기능의 14가지 범주 ◆ 53

ATL 기능: 14가지 범주 _ 57
14가지 ATL 범주와 111가지 하위 기능 … 58

제4장 정신 건강을 위한 정서적 ATL 기능 가르치기 ◆ 61

교실 활동 _ 65
인성, 덕목 및 가치 … 65
'잘 실패하는 법' 가르치기 … 69
마음챙김 … 75
집중력과 주의력 연습하기 … 75
평정심 기르기 … 76
끈기 … 77
만족 지연 실행하기 … 78
불안 줄이기 … 80
자기 동기 부여 … 83
귀인 재훈련 … 85
회복탄력성 … 87
시각화, 인지적 매핑, 전이 … 89

제5장 자기 인식을 위한 메타인지적 ATL 기능 가르치기 ◆ 93

교실 활동 _ 95
이해의 격차 파악하기 … 96
형성 평가에서 자기 평가 실천하기 … 97
학습 전략 효과에 대해 인식하기 … 98

제6장 학업 성공을 위한 인지적 ATL 기능 가르치기 ◆ 103

교실 활동 _ 105
감각 학습 선호도 이해하기(학습 유형) … 105
VAK(시각적 · 청각적 · 운동 감각적) 분석 … 107
효과적인 요약 노트 작성하기 … 113
기억력 향상 및 주요 정보 기억하기 … 116
시간 및 과업 관리 … 128 목표 달성 … 134

제7장 전문성 신장: 교육 맥락 · 학생 · 학교에 적합한 자신만의 ATL 기능 프로그램 설계하기 ◆ 141

목적 _ 142
과제 1: 도전 학습 과제 해결을 위한 핵심 일반 ATL 기능 매핑하기 _ 143
과제 2: ATL 수업 활동 설계하기 _ 151
시험 계획 수립하기 … 151
과제 3: 숙달의 정의 _ 156
과제 4: 역량 연습 단계 설명하기 _ 157
과제 5: 학년 간 조율 _ 158
과제 6: 누가, 언제, 어떻게 _ 159
과제 7: 활동 지도하기 _ 160
과제 8: 과목별 ATL 기능 선택하기 _ 161

제8장 자기 관리 학습자 양성하기 ◆ 169

자기 관리 기능 개발을 위한 교수 전략 _ 171

교사의 역할 변화 _ 174

새로운 디지털 교육법 _ 175

● ATL 기능 교육을 위한 참고 사항 및 참고 자료 _ 179

제1장

ATL 기능 교육에 대한 세계적 필요성

코로나19로부터 우리는 무엇을 배울 수 있었는가

우리는 모두 코로나19 팬데믹과 격리 기간을 겪었다. 그 시기가 교육에 미친 가장 큰 영향이 무엇이라고 생각하는가? 다음 사항들이 공통적으로 보고되었다.

- 전 세계 200개국 16억 명의 아동이 코로나19의 영향을 받았다.[1]
- 학교 폐쇄로 인해 전 세계 학생의 91% 이상이 부정적인 영향을 받았다.[2]
- 학생과 교사의 스트레스, 불안, 고립감 및 우울감이 사상 최고 수준에 도달했다.[3]
- OECD 2020년 9월[4] 보고서에 따르면 현재 학생들은 약 10%의 학습 손실과 향후 평생 소득의 약 3% 감소가 예상된다.[5]
- 국가 차원에서는 2100년까지 GDP의 1.5% 손실이 예상되며 미국의 경우 미래 경제에 14.2조 달러 손실이 추정된다.[5]

이처럼 코로나19 격리가 교육에 미친 영향은 대부분 부정적인 면만 강조되어 왔다. 이 중 일부는 사실이고 일부는 추정이지만 대체로 널리 받아들여지고 있다. 하지만 같은 시기 교육 분야에서 나타난 긍정적인 변화는 거의 주목받지 못했다. 대부분의 부정적 보도와는 달리 실제로는 교육에서 여러 긍정적인 성과가 있었다. 어떤 변화는 누구나 예상할 수 있을 만큼 분명했고 어떤 것은 전혀 예상하지 못한 것이었다.

- 학생과 교사 모두 디지털 활용 능력이 크게 향상되었다.
- 우수한 무료 온라인 교육 플랫폼의 수가 급격히 늘어났고 질적으로도 크게 향상되었다.
- 학업 성취도가 낮았던 많은 학생이 격리 기간 동안 학업 성과를 크게 향상시켰다.[6]
- 대부분의 아이들은 격리 이전보다 불안감과 우울감이 줄었으며 심리적으로 더 강해졌다고 응답했다.[7]
- 인터넷이 등장한 이래 처음으로 학업 성공에 필요한 기능과 고등 교육, 기업, 상업, 창업 등 모든 분야에서의 성공에 필요한 기능이 완벽히 일치하게 되었다.

이 주제에 대한 전체 참고 자료는 웹사이트(www.taolearn.com/resource-teachers)에서 확인할 수 있으며 관련 발표 자료도 참고 자료[8]에서 확인할 수 있다.

잠시 시간을 되돌려 여러분이 살고 있는 지역에서 코로나19 격리가 처음 시작되던 시점을 떠올려 보자. 전 세계 교육 공동체에서는 격리 첫날부터 두 가지 사실이 명백히 드러났다.

- 대부분의 교사는 담당 과목을 원격으로 가르칠 준비가 충분히 되어 있지 않았다.
- 대부분의 학생 역시 자신의 학습을 스스로 관리할 준비가 되어 있지 않았다.

그 이유는 코로나19 이전까지 원격 학습이 학교 교육에서 필수적인 요소가 아니었기 때문이다. 당시에는 그저 하나의 흥미로운 대안이거나 선택 가능한 보조 수단에 불과했지만 갑작스럽게 전 세계 모든 학교와 학생에게 가장 핵심적인 교육 전략으로 부상하게 되었다.

다행히도 교사는 매우 유연하고 적응력이 뛰어난 사람들이다. 그래서 학교가 처음 문을 닫게 되었을 때부터 비교적 빠르게 변화에 적응하며 기존의 교실 수업을 학생들이 스스로 학습할 수 있는 형태로 전환하기 시작했다. 이 과정을 통해 교사들은 다음과 같은 점을 깨닫게 되었다.

- 자신이 가르치는 과목에 필요한 다양한 교육 웹사이트에 대해 전반적으로 잘 알지 못했다.
- 학생들의 흥미를 유도하고 질적으로 우수한 원격 수업을 설계해 대면 수업과 동일한 교육 목표를 달성하게 하는 일이 결코 쉽지 않았다.

그러나 온라인 자료에 익숙해지고 이를 활용해 양질의 수업을 설계했음에도 교사들은 마지막 난관에 직면하게 되었다.

- 많은 학생이 원격 학습 능력이 부족했다.

체계적 교실 환경의 지원 없이 많은 학생이 고립감을 느끼고 단절된 기분을 받았으며, 학교에서는 자연스럽게 학습에 몰두하게 되었지만 집에서는 스스로 동기와 의지를 고취하거나 발휘하는 데 큰 어려움을 겪었다. 한 학부모는 다음과 같이 말했다.

> 격리 기간에도 아이들은 여전히 휴대 전화나 태블릿 PC를 통해 친구들과 거의 24시간 연결되어 있는 듯했지만 그 연결을 활용해 함께 공부하겠다는 생각은 전혀 하지 않는 것 같았다. 온라인에서 학습 모임을 만들고, 서로 협력하여 필요한 정보를 찾아 배운다거나 교사의 도움 없이 함께 학습하는 방법에 대한 경험이 부족했던 것 같다.

그러나 전체 학생 중 약 20%는 원격 학습을 통해 오히려 학업 성취도가 향상되었다. 흥미롭게도 이들 중 상당수는 코로나19 이전의 대면 수업에서 평균 이하의 성과를 보였던 학생들이었다. 이 학생들에게는 몇 가지 공통적인 특징이 있었다.

- 뛰어난 조사 능력
- 높은 디지털 역량
- 자기 주도적 학습 태도
- 우수한 비판적 사고력
- 창의적인 문제 해결 능력
- 강한 동기와 끈기, 뛰어난 회복탄력성
- 학습을 스스로 통제하려는 성향
- 자율적인 학습 환경에서 뛰어난 성과를 보임

자신의 학습을 스스로 통제할 기회, 즉 높은 수준의 자율성, 자기 주도성과 자기 관리 기능은 이러한 학생들이 자율적 원격 학습 환경 속에서 두각을 나타내는 데 중요한 역할을 했다. 그리고 이러한 기능들을 살펴보면 앞으로 학생이 어떤 직업이나 진로, 비지니스 분야로 나아가든 반드시 요구되는 핵심 기능임을 알 수 있다. 팬데믹 기간 동안 학업 성과가 향상된 20%의 학생들은 이러한 기회를 통해 앞으로의 삶을 위한 실질적인 경쟁력을 갖추게 되었다. 반면, 나머지 학생들은 그 격차를 따라잡기 위한 노력이 필요할 것이다.

코로나19 이후 우리는 그 시기에 얻은 어떤 성과도 놓치지 않도록 해야 한다. 이제 모든 학생에게 이러한 기능을 가르치고 일상에서 연습하게 하여 포스트 코로나 시대의 디지털 환경을 최대한 활용할 수 있도록 도와야 한다.

코로나19를 통해 얻은 성과와 교훈을 확실히 정착시키기 위해서는 다음과 같은 노력이 필요하다.

- 교사는 자신의 담당 교과 내용을 다루는 다양한 웹사이트를 충분히 숙지해야 하며 무료 웹사이트는 물론 유료 웹사이트까지도 폭넓게 활용할 수 있어야 한다. 학교는 교사가 다양한 질 높은 자료에 쉽게 접근할 수 있도록 우수한 교육용 웹사이트 구독을 지원해야 한다.
- 교사는 원격 환경에서도 학생이 몰입하고 자기 주도적으로 학습할 수 있도록 최적의 온라인 자료를 효과적으로 활용한 수업을 설계하는 역량을 갖추어야 하며 이를 위해 체계적이고 실질적인 연수가 뒷받침되어야 한다.
- 학생에게 효과적인 자기 주도 학습을 위해 필요한 사고 기능과 학습 기능을 체계적으로 가르쳐야 한다.
- 학생이 자신의 학습을 관리하는 방법에 대한 교육을 받고 이를 꾸준히 실천할 수 있도록 정기적인 연습의 기회를 제공해야 한다.
- 성공적인 자기 관리 학습자가 되는 것을 학교 내에서 중요한 성취로 인식시키고 모든 학생이 그 목표를 지향할 수 있도록 장려해야 한다.

우리는 학교 기반 학습의 초점을 바꿔야 한다. 이제는 교사를 '모든 것을 아는 전문가'가 아닌 '학생들의 흥미로운 탐구 학습 기회를 설계하는 사람'으로 봐야 하며 이는 교실 환경이나 원격 수업에 모두 적용된다. 이러한 접근법은 기능을 효과적으로 활용해 학습의 효과를 높임으로써 학생의 교과 지식과 이해를 심화시킬 뿐만 아니라 학생이 미래에 어떤 진로를 선택하더라도 필요한 사고 및 학습 기능의 숙련도를 높일 수 있도록 도와준다.

미래의 교실에서 가상 현실(VR)과 증강 현실(AR)을 완전히 구현하기까지 얼마나 걸릴 것으로 생각하는가? 또한 게임이 아니라 교육적인 경험에 몰입하기 위해 전 세계 청소년이 VR 글러브(haptic feedback gloves)와 3D 고글을 사용하기까지 얼마나 걸릴 것으로 생각하는가? 화학을 배울 때 손으로 다양한 원소의 원자를 조작하고 분자를 분리한 후 새로운 조합과 반응으로 다시 형성할 수 있다고 상상해 보자. 또는 외국어를 배울 때 VR을 통해 해당 문화권의 환경과 활동에 완전히 몰입하며 언어를 익히는 방식도 가능할 것이다. 혹은, 역사를 배울 때 하워드 카터가 투탕카멘의 무덤을 열었던 순간이나 암스트롱이 달에 발을 디뎠던 그 순간에 마치 함께 있는 듯한 경험을 할 수도 있을 것이다. 심지어, 노자나 소크라테스, 아르키메데스 또는 공자와 실시간 대화를 나누는 듯한 경험을 할 수 있다면 어떨까? 이런 학습 경험이 어떤 느낌일지 상상해 볼 수 있겠는가? 이러한 경험은 기존의 교실 학습 환경이 도달할 수 없는 방식으로 더 빠르고 깊이 있는 이해와 학습을 즉각적으로 이끌어 낼 수 있다.

만약 아이들이 모든 감각을 사용하는 온라인 학습 경험을 통해 완전한 인공지능 기반의 디지털 멘토와 함께 필요한 모든 것을 배울 수 있는 시대가 온다면 그때도 여전히 학교와 교사가 필요할까? 지금이야말로 모든 미래지향적인 교육 기관과 학교 시스템이 지금 가장 진지하게 고민하고 대응 방안을 모색해야 할 때이다. 물론, 아무리 몰입감 있는 VR 학습이라 하더라도 매일 6시간씩 주 5일 내내 같은 방식으로만 학습한다면 쉽게 지루해할 것이다. 아이들은 상호작용이 필요하고, 몸을 움직여야 하며, 교실 수업 외에도 하루에 수없이 많은 활동을 하며 성장해야 한다. 따라서 앞으로 학교와 교사는 분명한 역할을 하게 될 것이며 그 역할의 본질도 달라지게 될 것이다. 미래를 준비하기 위해 교수 내용뿐만 아니라 교수 방법 또한 변화해야 한다. 그래야 아이들이 점점 디지털화되고 개인화되는 교육 환경 속에서 스스로 잘 적응하며 성장할 수 있다.

2018년 1월 스위스 다보스에서 열린 세계경제포럼(WEF)에서 알리바바의 창업자 마윈(Jack Ma)은 다음과 같이 말했다.

> 우리는 아이들에게 기계와 경쟁하라고 가르칠 수 없다. 교사는 지식 전달을 멈춰야 한다. 우리는 기계가 결코 따라올 수 없는 인간만의 고유한 가치를 가르쳐야 한다. 현재 교육은 큰 도전에 직면해 있다. 만약 우리가 가르치는 방식을 바꾸지 않는다면 앞으로 30년 안에 우리는 큰 어려움에 부딪히게 될 것이다. 현재 우리가 아이들에게 가르치고 있는 방식과 내용은 지난 200년간 이어져 온 지식 중심 교육에 머물러 있다. 이제는 가치, 신념, 독립적 사고, 팀워크, 타인에 대한 배려 등을 가르쳐야 한다. 이것이 바로 인간다움을 구성하는 '소프트한' 부분이기 때문이다. 지식만으로는 그것을 터득할 수 없다.[9]

동서양을 막론하고 모든 교사와 교육 시스템은 컴퓨터가 할 수 없는 일을 가르치는 데 집중해야 한다.

경제협력개발기구(OECD)의 안드레아스 슐라이허(Andreas Schleicher)는 그의 저서 『월드 클래스(World Class)』에서 다음과 같이 말했다.

> 미래의 일자리는 컴퓨터의 지능과 인간의 사회적·정서적 기능, 태도, 가치가 결합된 형태로 변화할 가능성이 높다. 우리가 인공지능의 힘을 잘 활용하여 세상을 더 나은 방향으로 이끌려면 혁신하는 능력, 자각, 책임감 있는 태도가 필요할 것이다. 인간만이 창출할 수 있는 새로운 가치는 무엇인가를 창조하고, 만

> 들어 내며, 구체화하는 과정을 통해 나온다. 이렇게 만들어진 결과물은 새롭고 독창적인 방식으로 세상에 긍정적인 영향을 미치며 고유한 의미를 지니게 된다. 이는 넓은 의미에서의 기업가 정신, 즉 실패를 두려워하지 않고 도전할 준비가 되어 있는 태도를 뜻한다.[10]

이제 교사는 기존의 '지식 전달형' 교육 방식을 버리고 기능 기반 학습, 경험 중심 학습, 탐구 학습의 원칙을 도입해야 한다. 이러한 교수법은 학생이 웹 접속이 가능한 기기를 활용하고, 소그룹으로 협력하며, 과목별 웹사이트를 활용하고, 효과적인 학습 및 사고 기능(ATL 기능 또는 다른 맥락에서는 21세기 기능 및 역량으로 불림)을 연습하는 과정을 포함한다. 학생이 미래 사회에서 경쟁력을 갖추기 위해서는 지금 학교에서부터 정보를 탐색하고 선별하며, 사실을 확인하고, 신뢰도를 검증하고, 다양한 출처를 통해 교차 확인하는 인지 기능을 직접 연습하고 익혀야 한다. 또한 협력, 의사소통, 팀워크와 같은 사회적 기능과 끈기와 인내심 같은 정서적 기능도 함께 길러야 한다. 이러한 교육 환경에서 가르침이란 학습의 모든 과정을 명확히 드러내고 학생이 탐구의 흐름을 따라가며 구체적이고 측정 가능한 내용 중심 및 과정 중심 성과에 도달하도록 안내하는 것을 의미한다. 즉, 교사는 올바른 질문을 하는 방법을 배우도록 돕되, 정답은 절대 제공하지 않아야 한다. 이 새로운 유형의 가르침은 인터넷을 단순히 또 하나의 교과서처럼 사용하는 수업 방식, 즉 "이 단원을 읽고, 말미에 제시된 문제를 풀어 보세요." 식의 접근을 의미하지 않는다.

오늘날 모든 학생은 24시간 언제든지 세상의 모든 정보에 접근할 수 있는 시대에 살고 있다. 그렇기 때문에 지금 가장 유용한 기능은 효과적으로 배우는 기능, 곧 학습 기능이다. 올바른 정보를 찾고, 찾은 정보를 잘 처리하며, 핵심을 뽑아 내고, 새로운 것을 배우고, 다음 단계로 나아가는 것이 중요하다. 이러한 능력은 자기 관리 학습자가 갖춰야 할 기능이며 아이들이 이러한 기능을 익히기 위해서는 자신의 학습을 스스로 관리해 볼 수 있는 환경과 기회 속에 놓여야 한다.

가장 높은 학습 동기를 유발하는 방식은 자기 관리 학습(자기 주도·자기 조절·자율·독립적 학습)이었다. 그러나 지금까지의 교육 인프라는 초등 수준을 제외하고는 탐구 학습과 발견 학습이 활발할 수 없는 구조였다. 하지만 코로나19 이후 디지털 기기의 보편화와 인터넷 기반 교과 교육 웹사이트의 급증은 이러한 상황을 완전히 바꿔 놓았다.

> 학생이 자기 인식, 자기 조절, 자기 적응과 같은 효과적인 학습 전략과 메타인지 능력을 개발하도록 돕는 일이 점점 더 중요해지고 있으며 이는 교과 과정과 수업에서 보다 명확한 목표가 되어야 한다.[10]

이제 교사는 더 이상 모든 지식의 원천이 될 필요는 없다. 그보다는 학생이 필요한 모든 것을 찾을 수 있도록 적절한 방향을 제시해야 한다. 이를 위해 모든 교사는 자신이 가르치는 교과 교육과 관련된 모든 웹사이트를 잘 알고 있어야 하며 그 콘텐츠를 바탕으로 수업을 설계할 수 있을 만큼 익숙해야 한다. 또한 학생들이 참여하는 디지털 협업 활동을 통한 흥미로운 탐구 기반 수업을 설계할 수 있도록 체계적인 연수를 해야한다. 요즘 학생에게는 휴대 전화나 노트북에서 채팅 창을 열어 서너 명으로 구성된 소그룹 안에서 협력하여 과제를 해결하는 것은 매우 쉬운 일이다. 혼자서 컴퓨터 화면 앞에 앉아 개별 과제를 수행하는 방식은 되도록 피해야 한다. 이러한 방식은 사실상 꼭 필요한 것도 아닐 뿐더러 오히려 고립감을 높이고 협력 능력, 의사소통 능력, 기억력 저하를 초래할 수 있다(Sugata Mitra[11] 참조).

이럴 때 학습은 그 자체로 동기를 유발하는 과정이 되며 학생은 주어진 정보를 바탕으로 특정한 기능과 과정을 활용하여 성취를 이루게 된다. 많은 국가 교육과정에서는 이러한 기능들을 21세기 기능 또는 역량이라고 표현한다. 이러한 역량은 메타인지·인지·정서적 기능이 결합된 실행을 통해 개발되며 이는 학생이 학습 과제에 지속적이고 스스로 관리하며 노력하는 데 긍정적인 영향을 미친다.

> 학생들은 앞으로 예측할 수 없고 끊임없이 변화하는 환경 속에서 자신이 배운 지식을 적용할 수 있어야 한다. 이를 위해 인지·메타인지 기능(예: 비판적 사고, 창의적 사고, 학습하는 법 및 자기 조절), 사회적·정서적 기능(예: 공감, 자기효능감, 협력), 실질적·신체적 기능(예: 새로운 정보통신 기기 사용) 등 다양한 기능이 필요할 것이다. 이러한 광범위한 지식과 기능의 활용은 태도와 가치(예: 동기 부여, 신뢰, 다양성 존중, 미덕)에 의해 좌우된다.
>
> 2030년을 준비하기 위해 사람들은 창의적으로 사고하고 새로운 제품과 서비스, 직업, 절차와 방법, 사고방식과 생활 방식, 기업과 산업, 비즈니스 모델과 사회 모델을 개발할 수 있어야 한다. 그리고 앞으로 혁신은 점점 개인의 고립된 사고나 노력보다는 타인과의 협력과 협업을 통해 기존 지식을 바탕으로 새로운 지식을 창출하는 방식으로 이루어질 것이다. 이러한 역량을 뒷받침하는 핵심 요소로는 적응력, 창의성, 호기심, 개방적 사고가 포함된다.[12]

2000년, 첫 번째 국제 학업 성취도 평가(PISA) 조사가 실시된 이후로 대부분의 국가 교육 정책 기획자들은 "우리 아이들이 미래의 직업 세계에서 성공할 수 있도록 준비하고 능력을 갖추기 위해 지금 반드시 배워야 할 가장 중요한 사고와 학습 기능은 무엇인가?"라는 질문에 답하려고 노력해 왔다.

다음은 이 주제와 관련하여 가장 최근에 발표된 주요 보고서이다.

- OECD의 「교육 2030 미래 교육과 역량」: 환경, 경제 및 사회적 도전에 대처하기 위한 기능
- 핀란드의 「미래 예측 2030」: 학습 방법에 관한 기능, 문제 해결 능력, 국제적 성향

- 일본의 「국가 교육과정 검토」: 학습 방법 및 지식 활용 기능
- 대한민국의 「2022 개정 교육과정」: 자기관리 역량, 지식 정보 처리 역량, 창의적 사고 역량, 심미적 감성 역량, 협력적 소통 역량, 공동체 역량
- 네덜란드의 「정부 정책 과학위원회」: 네덜란드 경제를 '지식 경제'에서 '학습 경제'로 전환하기 위한 기능
- 오스트리아의 「경제 연구소」: 일반 기능, 학문적 기능, 직무별 특화 기능 및 혁신 기능
- 캐나다의 「연방 정부 정책 전망」: 지식을 효율적으로 통합하고 활용하는 능력, 적응적 사고, 미디어 및 디지털 기능

현재 동서양 대부분의 국가는 ATL 기능, 역량 또는 능력의 중요성을 인식하고 있으며, 이를 국가 교육과정에 명시적으로 포함하고 있다.

- 호주: 국가 교육과정에 포함된 '일반 역량(General Capabilities)'으로는 ICT 역량, 비판적·창의적 사고, 개인 및 사회적 역량, 문화 간 이해 및 윤리적 이해가 있다.
- 핀란드: '범교과 역량(Transversal Competencies)'을 통해 학습에 대한 동기 부여와 즐거움 및 삶에 필요한 지식과 기능을 강조한다.
- 아일랜드: 주요 학습 기능에는 자기 이해, 호기심 갖기, 창의적이고 비판적으로 사고하기, 정보와 데이터 수집·기록·조직화·평가하기, 상상하기, 좋은 관계 맺기, 협력하기, 경청하기, 문제 해결하기가 포함된다.
- 일본: 새로 개정된 교육과정은 '무엇을 배울 것인가'와 '어떻게 배울 것인가'에 초점을 맞춘다. 특히 '어떻게 배울 것인가'는 새로운 시대에 요구되는 역량을 의미하며 살아가고 일하는 데 필요한 지식과 기능의 습득을 포함한다.
- 뉴질랜드: 국가 교육과정은 사고하기, 언어 및 상징과 문자 활용하기, 자

기 관리하기, 타인과 관계 맺기, 참여와 기여하기라는 다섯 가지 핵심 역량을 포함한다.

- 개나다: 창의성과 혁신, 비판적 사고, 협업, 의사소통, 컴퓨터 및 디지털 기술을 포함하는 '시프팅 마인드(Shifting Minds)' 교육과정이 캐나다의 모든 학교에서 추진되고 있다.
- 미국: 공통 핵심 기준(Common Core State Standards)은 비판적·창의적·복합적·종합적·협력적·소통적·인지적 전이라는 사고 기능을 포함한다.
- 아르헨티나: 개정 교육과정은 '학습에 대한 집중'과 '학습 조직화에 대한 집중'에 초점을 두며 의사소통, 문제 해결, 비판적 판단, 책임감과 헌신, 학습 방법 습득, 협력을 포함한다.
- 중국: 개정 교육과정은 자기 주도적 학습 관리를 강조하며 학습하는 법 배우기, 건강한 삶과 성장 계획을 포함한다.
- 홍콩: 개정 교육과정은 전인적 발달과 평생 학습 및 자기 주도적 학습 능력 함양이라는 두 가지 목표를 가지고 있으며 의사소통, 수학, IT, 비판적 사고, 창의성, 문제 해결, 자기 관리, 자기 주도 학습, 협력과 같은 '일반 기능(Generic Skills)'에 초점을 둔다.
- 베트남: 개정 국가 교육과정에는 자기 관리, 자기 주도 학습, 의사소통, 협력, 문제 해결, 창의성과 같은 역량이 포함된다.
- 싱가포르: 정보 및 의사소통 기능과 비판적이고 창의적인 사고를 실천하는 자기 주도 학습자를 양성하는 데 중점을 두며 자기 관리 및 책임 있는 의사 결정과 같은 핵심 가치를 기반으로 한다.

싱가포르는 내가 접한 국가 중 교육과정 프레임워크의 중심에 가치를 명시적으로 배치한 첫 번째 국가이다. 이 프레임워크는 학교에서의 존중, 책임감, 회복탄력성, 진실성, 배려 및 조화를 강조한다. 이러한 가치는 학생의 자기 인식 및 사회적 인식, 자기 관리 및 관계 관리, 자기 관리, 책임 있는 의사결정과 같은 인성적 자질을 형성한다. 실제로 싱가포르 교육과정에서는 이러한 성품과 관련된 역량을 '실천하는 가치'라고 부른다. 전반적으로 싱가포르의 교육과정 프레임워크는 자신감 있는 사람, 자기 주도 학습자, 책임감 있는 시민, 능동적인 기여자를 양성하도록 설계되어 있다.[10]

지금까지 소개된 여러 국가의 교육 모델에서 제시된 모든 기능과 역량 범주는 IB 맥락의 ATL 기능 프레임워크에서도 고스란히 찾아볼 수 있다. 이러한 기능들은 모두 디지털 시대에서 뛰어난 학습자가 되는 데 필요한 핵심 요소이다. 우리는 모든 정보에 언제든 접근할 수 있는 새로운 시대의 첫 번째 세대이다. 이제 교육의 중심은 '무엇을 아는가'에서 '어떻게 아는가', 즉 내용 중심에서 과정 중심으로 옮겨 가고 있다.

코로나19를 통해 우리는 온라인 학습을 위한 디지털 자원의 방대함과 깊이를 알게 되었고 동시에 교사와 학생 모두가 이러한 자료에 접근하고 활용할 준비가 얼마나 부족했는지를 되돌아보는 계기가 되었다. 우리 아이들이 코로나19 이후의 디지털 시대의 산물을 최대한 활용할 수 있게 하려면 지금 이 순간부터 우리는 아이들에게 효과적이고 자기 관리가 가능한 디지털 학습자, AI 활용 능력이 강화된 학습자, 원격 학습이 가능한 학습자가 되기 위한 사고와 학습 기능을 가르쳐야 한다.

현재 ChatGPT와 같은 대규모 언어 모델 기반 AI는 기존의 교육 방식을 빠르게 흔들고 있으며 특히 평가 방식에 큰 영향을 미치고 있다. 이제는 집에서 치르는 시험의 신뢰성 확보가 어려워지고 집에서 작성된 에세이와 보고서의 진위를 판단하기 힘들어짐에 따라 많은 교사가 우려를 표하고 있다. 이러한 변화는 일부 학교와 교육 시스템으로 하여금 학생이 정보를 효과적으로 처리하고 활용하는 능력과 가장 중요한 ATL 기능을 실제로 적용할 수 있는지를 평가하는 방식에 더 큰 비중을 두게 만들고 있다.

이 모든 변화의 중심에는 '생성형 AI 시대에 학생은 무엇을 할 수 있어야 하는가'에 대한 근본적인 질문이 있다. 이는 학생이 미래 사회에 적절히 대비할 수 있도록 교육과정을 사회 요구에 맞게 조정하고 재설계하는 것을 의미한다.[13]

미래의 교육과정에서는 다음 분야에서의 기능 교육이 포함되어야 한다.

- 디지털 문해력과 AI 숙련도
- 학습 숙련도
- 지식 숙련도
- 자기 조절

놀라운 점은 이러한 분야가 여전히 우리 교육 시스템에서 충분히 강조되지 않고 있다는 것이다. 2018년 PISA에 따르면, 평균적으로 학생들의 절반에도 못 미치는 47%만이 사실과 의견을 구별할 수 있는 능력을 보여 주었다.[14] 그리고 인공지능의 등장으로 인해 이러한 구별 능력이 요구되는 상황은 앞으로 더욱 복잡하고 어려운 과제가 될 가능성이 크다.

안나 폰스(Anna Pons), OECD 교육기술국, 볼로뉴 2023. 5. 교육 정책, 22-23.[15]

"오늘날 학생이 배워야 할 가장 중요한 것은 무엇인가?"라는 질문에 대한 ChatGPT의 답변이 흥미롭다.

- 비판적 사고 및 문제 해결: 정보를 분석하고 복잡한 문제를 해결하는 능력
- 의사소통: 다양한 매체를 통해 아이디어와 정보를 효과적으로 전달하는 능력
- 디지털 문해력: 테크놀로지를 능숙하게 사용하고, 인터넷을 안전하고 책임감 있게 탐색하는 능력

- 협업 및 팀워크: 공동의 목표를 향해 다른 사람과 효과적으로 협력하는 능력
- 정서적 지능 및 자기 인식: 자신의 감정과 타인과의 관계를 이해하고 관리하는 능력
- 문화적 인식 및 글로벌 관점: 다양한 문화와 관점을 이해하고 존중하는 능력
- 금융 이해력: 기본적인 금융 개념을 이해하고 돈을 효과적으로 관리하는 능력
- 적응력 및 창의성: 변화에 적응하고 혁신적인 아이디어와 해결책을 제시하는 능력
- 건강 및 웰빙: 건강한 습관과 자기 관리를 포함한 신체적·정신적 건강에 대한 지식
- 윤리 및 가치: 의사 결정을 내릴 때 윤리적 원칙과 개인적 가치를 이해하고 적용하는 능력

이 모든 것이 바로 ATL 기능과 일치한다.

제2장

성공적인 사고 및 학습 기능 프로그램의 핵심 설계 요소

2008년도에 '효과적인 사고 및 학습 기능' 프로그램을 설계했을 때 지금까지도 잊지 못하는 두 가지 중요한 교훈을 얻었다. 그 당시 영국 런던의 여러 학교와 협력하고 있었고 런던 남부에 있는 한 공립학교에서 매우 훌륭한 사고 및 학습 기능 관련 교육 자료를 접하게 되었다. 어느 교실 한 상자에서 놀라운 교육 자료를 발견했는데 다양한 교과목에서 학생들에게 사고력과 학습 기능을 가르칠 수 있도록 만든 교사용 지도서와 이를 연습할 수 있는 학생용 워크북이었다. 이미 이 분야에서 10년 넘게 이 기능들을 직접 가르쳐 온 경험이 있었기에 이 훌륭한 자료를 보자마자 흥분을 감추지 못했고 곧바로 이 자료에 관해 물어보았다. 그런데 놀랍게도 그 상자는 그날 창고로 보내질 예정이었다. 이는 2007년 영국 자격 및 교육과정 개발청이 전국 공립학교에 도입했던 **개인적 학습 및 사고 기능**(Personal Learning and Thinking Skills: PLTS) **프레임워크** 프로그램이 1년 만에 폐지되었기 때문이다.

공식 도입 당시 PLTS 프레임워크는 다음과 같이 홍보되었다.

PLTS 프레임워크는 교과 지식과 기능을 보완하도록 설계되었으며 학생이 학습, 직업 그리고 삶에서 성공하는 데 필요한 보다 폭넓은 능력을 개발하는 것을 목표로 한다.

PLTS 프레임워크는 효과적인 학습자가 가져야 할 여섯 가지 특성으로 구성되었으며 이 특성들은 모두 교실에서 가르칠 수 있는 기능으로 구체화되었다.

- 독립적 탐구자
- 창의적 사고자
- 성찰적 학습자
- 협력적 학습자
- 자기 관리자
- 효과적 참여자

자격 및 교육과정 개발청[1]

이 프레임워크는 학교가 PLTS 기능을 교육과정과 수업 실행에 통합하여 학생의 개인적 성장을 지원하고 급변하는 세상에 적응하는 능력을 길러 주도록 했다(PLTS 기능 프레임워크의 구성 개요는 참고 자료[2]에서 확인할 수 있다). 이후 자격 및 교육과정 개발청은 폐지되었으며 현재 영국 자격 및 시험 규제청과 영국 국가 교육과정 기관으로 이관되었다.

이 프로그램은 정말 훌륭해 보였다. 그래서 왜 그렇게 짧은 기간만 운영되었는지 궁금해 물어보았고 그에 대한 아주 흥미로운 이야기를 들을 수 있었다. 이 프로그램이 중단된 이유는 공립학교 교사들의 전면적인 거부 때문이었다. 하지만 이는 프로그램의 개념 자체에 대한 반발은 아니었다. '급변하는 세상에 적응하는 데 필요한 모든 기능을 학생에게 가르치자.'라는 아이디어 자체는 오히려 교사들 사이에서 크게 환영받았으나 교사들이 이 프로그램을 전면 거부한 이유는 다음과 같았다.

- PLTS 기능을 가르칠 수 있도록 수업 시간표에 별도의 수업 시간이 배정되지 않았다.
- 교사는 이 기능을 가르치는 것에 그치지 않고 기존 교과 평가와는 별도로 평가해야 했다(PLTS 기능 기록의 필요성을 다룬 자격 및 교육과정 개발청의 문서는 참고 자료[3]에서 확인할 수 있다).

교육 당국이 전제로 삼았던 가설의 핵심은 교사가 기존 교과 수업에 PLTS 기능 교육을 손쉽게 통합할 수 있을 것이라고 본 것이다. 즉, 마치 마법처럼 아무런 시간도 들이지 않고 기존 수업에 새로운 내용을 덧붙일 수 있을 것이라는 가설을 세운 것이다. 그러나 모든 교사가 알다시피, 무엇이든 가르치려면 시간이 필요하다. 이미 과밀한 교육과정에 다른 것을 포기하지 않고는 새로운 사고 및 학습 기능을 온전히 도입할 수는 없다. 두 번째 가설은 두 가지 측면에서 문제가 있었다. 첫째, 교사에게 기존 교과에 대한 이해와 내용뿐만 아니라 학생이 그러한 이해를 얻기 위해 사용한 사고와 학습 과정까지 따로 평가하라는 이중 부담을 주었다는 점이다. 둘째, 사고와 학습 과정이 과목 내용처럼 평가할 수 있다고 본 전제 자체에 있었다.

모든 교사가 우려한 대로 이미 빽빽한 시간표에 더 많은 수업과 평가를 추가하려는 시도는 불가능하다는 것이 드러났다. 교사들은 수차례 회의를 열고 수천 명이 모여 항의 집회를 열었다. 그리고 결국 2008년에 해당 프로그램은 폐지되었다. 런던 어느 창고에는 지금 당장 사용하더라도 전혀 손색없을 만큼 훌륭한 PLTS 자료들이 아직 고스란히 남아 있을 것이다. 나는 그 창고가 어디에 있는지 끝내 알아내지 못했지만 이 경험을 통해 확실히 깨달은 것이 있다.

바로 어떤 사고 및 학습 기능 프로그램이든지 실제 수업에 도입되려면 무엇보다 교사의 지지가 반드시 필요하다는 점이다. 또한 새로운 프로그램이 교사의 지지를 얻기 위해서는 다음 두 가지 조건이 반드시 충족되어야 한다는 것이다.

- 기존 교과 수업 시간 외에 별도의 교육 시간이 배정되어야 한다.
- 교사의 평가 부담을 가중시키지 않아야 한다.

다행히도, 이 두 가지 조건은 충분히 실현 가능하며 다음 두 장에서 그 구체적인 방법을 소개할 예정이다.

나는 지난 20년 동안 300개 이상의 학교에서 IB 학교의 ATL 기능 프로그램 설계 및 실행뿐만 아니라 비IB 학교에서의 사고 및 학습 기능 프로그램 운영에 관여해 왔다. 이 책은 IB 학교의 ATL 프로그램을 중심으로 구성되어 있지만 여기서 제시하는 원칙과 실행 전략은 어떤 사고 및 학습 기능 프로그램에도 적용할 수 있다.

끝을 염두에 두고 시작하라

우선, 학생의 ATL 기능 숙련도를 어떻게 평가할 것인가에 대한 문제부터 살펴보자.

> 21세기에 학습 향상을 최우선 과제로 삼는다면 교사와 학생은 자신의 성과를 향상시키기 위해 평가 결과를 활용할 수 있어야 한다. 교사와 학생 모두가 지식 내용뿐만 아니라 학생이 인지, 메타인지, 동기 부여, 그리고 정서 측면에서 평생 학습자로서 어떻게 성장하고 있는지를 파악할 수 있는 정보를 갖고 있지

않으면 학습의 향상은 어려울 것이다.

드 라 하프와 래들로프(de la Harpe & Radlof, 2000)[4]

평가의 참된 목적은 개인을 평가하여 순위를 매기는 것이 아니라 성장과 발전을 위한 피드백을 제공하는 것이어야 한다.

캐롤 앤 톰린슨(Carol Ann Tomlinson, 2013)[5]

평가는 일회성으로 끝나는 것이 아니라 교수·학습 과정에 자연스럽게 녹아 들어 있는 지속적인 과정이어야 한다.

그랜트 위긴스(Grant Wiggins, 2002)[6]

평가는 학생을 규정하거나 제한하는 수단이 아니라 학생의 강점, 열정, 잠재력을 발견하는 도구가 되어야 한다.

용 자오(Yong Zhao, 2019)[7]

학습을 향상시키지 못하는 평가는 시간 낭비에 불과하다.

딜런 윌리엄(Dylan Wiliam, 2019)[8]

평가는 학생이 단지 등급이나 순위의 수동적인 수용자가 아니라 자신의 학습에서 능동적인 주체로 성장할 수 있도록 돕는 과정이어야 한다.

하이디 헤이스 제이콥스(Heidi Hayes Jacobs, 2003)[9]

ATL 기능 평가에서 발생하는 문제점 중 하나는 교사와 학교 관리자들이 ATL 기능의 교육과 학습을 일반 교과목의 교육 및 학습과 동일한 과정으로 여기는 경향이 있다는 점이다. 이로 인해, ATL 기능도 교과 지식처럼 평가할 수 있다고 오해하는 경우가 많다. 그러나 ATL 기능은 그 자체로 학문이 아니라 모든 과목을 학습하는 데 필요한 도구이자, 기능, 기법, 전략이다. ATL 기능은 학습해야 할 또 다른 내용이 아니라 꾸준히 연습하고 향상시켜야 할 기능이다.

학생의 사고와 학습 능력 중 일부는 다양하고 널리 사용되는 도구를 활용해 평가할 수 있으며 주로 설문지가 사용된다. 몇 가지 예시는 다음과 같다.

- 학습 및 공부 전략 검사(Learning and Study Strategies Inventory: LASSI)[10]
- 학습 동기 부여 전략 설문지(Motivated Strategies for Learning Qusetionnaire: MSLQ)[11]
- 학습 과정 검사(the Inventory of Learning Processes: ILP)[12]
- 추론 능력 학습 평가(Reasoning Learning Tests: LTS)[13]
- 학습 과정 설문지(the Learning Process Questionnaire: LPQ)[14]

이 외에도 많은 평가 도구가 있다.

자기 조절을 할 수 있는 평생 학습자의 특성은 교사가 고안한 평가 방법, 즉 교실 평가 기법(Classroom Assessment Techniques: CATs)[15]과 같은 도구를 활용하여 개별적으로 또는 종합적으로 평가할 수 있다. 학생의 인지적 및 메타인지적 특성은 자기 조절 학습 면담 일정(Self-Regulated Learning Interview Schedule: SRLIS)[16]을 활용한 개별 면담을 통해 평가할 수 있다. 혹은 학생이 매주 자신이 사용했거나 접한 학습 전략을 기록하고 각 전략의 효과를 스스로 되돌아보는 학습 일지[17]를 작성하도록 권장할 수도 있다.

대부분의 ATL 기능 활용 평가에서 가장 큰 문제점은 실제로 측정되는 것이 해당 기능 자체가 아니라는 데 있다. 이러한 평가에서는 보통 다음 두 가지 중 하나를 측정하게 된다. 첫째, '시간 엄수'와 같이 효과적인 학습과 관련된 개인적 특성을 측정하거나 둘째, 특정 기능을 사용했을 때 학습 내용에 대한 이해 수준을 통해 그 기능의 효과를 간접적으로 측정하는 방식이다. 학습 기능은 그 자체로는 내용(content)을 갖지 않는다. 하지만 학습 기능을 평가한다는 것은 결국 어떤 사고 또는 학습 과정을 특정 맥락 안에서 특정 내용에 사고 또는 학습 과정을 적용하는 것을 측정하는 것에 불과하다. ATL 기능 자체를 평가하려 하기보다는 각 학생의 교과목 숙달도를 통해 ATL 기능 교육의 효과를 평가하고자 하는 것이다.

나는 ATL 기능을 분리해서 따로 평가하는 것은 의미 없는 일이라고 생각한다. 왜냐하면 어떤 학교든 ATL 프로그램이 잘 작동하고 있다면 다음과 같은 변화를 명확히 확인할 수 있기 때문이다.

- 모든 교과에서 학생의 학습 효율성과 효과성이 향상되었다.
- 형성 및 총괄 평가 그리고 모든 중요한 시험에서의 성취도가 향상되었다.
- 자기 학습 관리 능력이 향상되었다.

학생의 ATL 기능 숙련도는 기존의 전통적인 평가 결과에 긍정적이고 측정 가능한 영향을 미칠 것이다. 따라서 이러한 기능을 별도로 평가할 필요는 없다.

이 논의에서 우리가 반드시 던져야 할 핵심 질문은 '평가의 목적은 무엇인가?'이다. 학생의 지식, 이해 및 기능의 발전과 진전 정도를 측정하고 학생이 배운 것과 아직 배우지 못한 것을 파악하기 위한 것인가? 그렇다면 그 목적은 또 무엇인가? 이는 교사가 학생에게 피드백을 제공하고 학생의 지식, 이해, 기능을 향상시킬 수 있는 기회를 만들기 위함이다. 이것이 바로 교육의 본질이기 때문이다. 그렇다면 그다음 목적은 무엇인가? 당연히 학생의 학습과 학업 성취도를 향상시키기 위한 것이다. 그러나 이 모든 과정의 궁극적인 목적이 있다면 그것은 바로 가장 중요한 ATL 기능을 기르는 것이다.

평가가 잘 이루어지면 학생은 자기 과제물의 수준을 판단하는 능력을 조금씩 향상시키게 된다. 그렇게 스스로 판단하는 능력이 좋아질수록 자기 과제물의 수준도 점점 더 나아지게 된다. 결국에는 학생 스스로 정확하게 자기 평가를 할 수 있게 되고 그 과정에 교사의 개입이 전혀 필요하지 않게 되는 것이다. 바로 이것이 교육의 궁극적인 목적이 아닌가? 교사의 역할이 더 이상 필요 없을 만큼 학생이 성장하도록 돕는 것, 나에게 이것이야말로 '교사'라는 직업을 가장 고귀한 직업으로 만드는 이유이다. 세상에 어떤 직업이 자신의 '고객'이 더 이상 자신을 필요로 하지 않는 지점에 도달하게 만드는 것을 목표로 삼을까?

나는 교사의 역할이 더 이상 필요 없어지도록 만드는 이 과정이야말로 교육의 가장 높은 목적을 정의한다고 믿는다. 그리고 이는 학생이 자신의 과제에서 요구하는 수준을 정확하게 판단할 수 있을 때 이루어진다. 학생은 자기 평가 연습과 점진적 개선의 과정을 통해 이를 배우게 된다. 만약 우리가 자기 평가를 모든 ATL 기능의 평가의 도구로 사용한다면 이는 곧 자기 평가라는 메타인지 기능을 기르는 데 기여할 뿐만 아니라 메타인지 자체를 개발하기 위한 도구로 ATL 평가를 활용하는 것이다.

메타인지는 간단히 말해 사고의 실행 기능(executive function of thinking)을 의미한다. 이는 우리가 문제를 해결할 때 사용하는 전략이 효과적인지 아닌지를 끊임없이 성찰하고, 필요에 따라 새로운 전략을 사용하고, 그 결과를 다시 성찰하며 조정하는 사고 과정을 뜻한다. 메타인지 기능은 전체 학습 향상 과정을 이끄는 포괄적인 기능이며 이를 통해 학업 성과를 가장 크게 향상시킬 수 있다.

> 문제 해결에는 두 가지 단계가 있다. 하나는 문제에 전략을 적용하는 것이고 다른 하나는 그 전략을 선택하고 점검하는 것이다. 메타인지는 학습에 관여하는 인지 과정을 능동적으로 조절하는 고차원적 사고를 의미한다.
>
> 존 해티(John Hattie, 2009)[18]

많은 학교에는 이미 탐구 학습 주기의 적용을 통해 메타인지에 중점을 두는

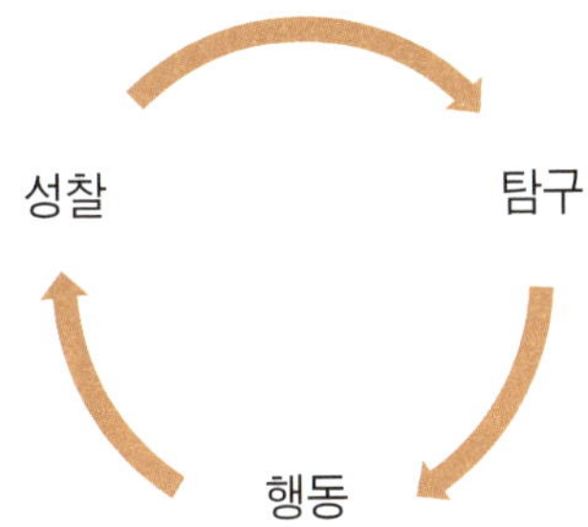

[그림 2-1] 탐구 학습 주기

접근이 잘 확립되어 있다.

전 세계 최고 수준의 학습자들, 즉 자신이 원하는 학업 성과를 달성하고, 자격을 갖춘 학생들의 학업 수행 능력을 모델링해 보면, 모두가 공통적으로 가지고 있는 한 가지 특징이 있다. 그것은 바로 메타인지적 인식을 갖추고 있다는 점이다.[19] 메타인지가 하나의 기능인지, 기능의 집합인지, 아니면 단순한 마음가짐인지에 대해서는 논의의 여지가 있지만 메타인지적 인식을 갖추는 것이 다른 모든 학습 기능에 집중하고 이를 향상시키기 위한 필수적인 전제 조건임은 분명하다.

메타인지란 현재 자신이 사용하고 있는 학습 또는 사고 전략을 인식하고 이를 분석·비교·실험하고 피드백을 수집하여 조정하며 새로운 전략을 실행하는 것을 의미한다. 이러한 '실행' 기능(executive functions)은 특정 학습 전략에 대한 훈련이 이루어지기 전에 먼저 갖춰져야 한다. 그래야 학생이 해당 전략을 자신의 학습에 효과적으로 활용할 수 있다. 메타 수준의 기능을 활용하지 않으면 직접적인 학습 전략 훈련은 큰 효과를 발휘하기 어렵고 교육 맥락이 바뀌면 쉽게 사라진다.[20]

메타인지적 인식을 확립하는 것은 캐롤 드웩(Carol Dweck)[21]이 말하는 '성장 마인드셋(growth mindset)'을 형성하는 데 기반이 된다. 이는 다음 두 가지 신념을 가진다는 특징이 있다.

- 학습의 향상은 노력과 전략 사용에 달려 있다.
- 이 두 가지 모두 학생이 통제할 수 있다.

이러한 메타인지적 인식을 가진 학생은 학습을 과목과 맥락에 따라 다양한 기법과 전략을 필요로 하는 과정으로 여긴다. 또한 학습 과정의 각 단계에서 활용 가능한 다양한 선택지를 적극적으로 탐색하고, 다양한 전략을 시도하며, 무엇이 효과가 있고 없는지를 스스로 파악한다. 학습의 실패를 개인의 부족함이 아닌 학습 과정의 문제로 인식하며, 더 나은 학습 과정을 찾아 적용하며, 결과를 성찰하고, 이를 통해 자신의 학습 노력이 더 높은 성과로 이어지도록 지속적으로 개선해 나간다.[19 22 23 24]

존 해티(John Hattie) 교수는 학생 성취도에 영향을 미치는 요인을 분석한 800개의 메타 연구를 종합한 결과 학업 참여도, 이해도, 기능 전이 및 평가에서 가장 일관되게 긍정적인 효과를 보이는 수업 방식을 발견했다. 그것은 바로 구체적인 교과 내용을 중심으로 한 메타인지 기반의 자기 조절 학습 환경에서 학습 전략을 훈련하는 방식이었다.[19]

메타인지 기능 교육의 구현은 자기 조절 학습을 구축하는 데 도움이 된다. 학생이 특정한 인지적·정의적 학습 전략과 기능들을 충분히 습득하게 되면 이러한 전략들을 메타인지 기능을 활용하여 사용하고 점검하고 조정하며 그 효과를 평가할 수 있게 된다.[25 26 27]

학생을 위한 메타인지 교육은 모든 ATL 기능을 향상시키는 과정의 첫 번째 필수 단계이며 ATL 기능 전반의 성과 향상을 위한 공통적인 요구 사항이다. 따라서 교실에 ATL 기능 중심의 학습 훈련을 도입하는 궁극적인 목적은 메타인지 기반의 탐구 학습을 실천함으로써 현대 디지털 학습자가 지향하는 학습 목표를 모든 학생이 도달할 수 있도록 돕는 데 있다.

ATL 기능에 대한 메타인지적 자기 평가

교사, 교과, 학과 또는 학교 차원에서 중점적으로 지도하고자 하는 ATL 기능이 분명하게 정해지고, 해당 기능을 가르치거나 개발하기 위한 전략이 마련되면, 학생은 정기적으로 그 기능에 대한 자신이 현재 느끼는 익숙함, 숙련도 및 능숙도를 스스로 평가해 볼 수 있다.

이러한 자기 평가는 자신감과 자기 동기 부여를 높이는 데 효과적인 방법으로 알려져 있다.[28] 이 방법을 통해 학생 스스로가 일반적인 숙련도 기준에 따라 자신이 연습하고 있는 특정 기능에 대한 현재 역량 수준을 정확히 판단해 보도록 한다.

명확한 숙련도 개발 프레임워크가 제시되면 학생은 ATL 기능의 초기 수준뿐만 아니라 숙달을 향해 나아가는 자신의 성장 과정 모두를 스스로 평가할 수 있다. 다음은 이러한 프레임워크 중 하나의 예시이다.

〈표 2-1〉 ATL 숙련도 개발 프레임워크

학습자 (기초 역량)	실행자 (역량 연습)	전문가 (역량 숙달)
학생은 해당 기능을 모방하고 간단한 내용으로 그 기능을 사용하는 '가장 효과적인 방법'을 익힌다.	학생은 해당 기능을 실제 교과 내용과 함께 활용하며 연습한다. 점점 더 복잡한 내용으로 확장하고 필요할 때마다 기능을 사용할 수 있는 능력을 길러 나간다.	학생은 교사의 도움 없이 교실 환경 밖에서도 해당 기능을 독립적으로 사용할 수 있다.

이 자기 평가 차트는 드레이퍼스와 드레이퍼스(Dreyfus & Dreyfus)[29] 그리고 베리너(Berliner)[30]의 연구에 바탕을 두고 있다. 이 차트는 원래 교사의 전문성 발달 과정을 평가하기 위한 전문 기능 평가 모델을 기반으로 하며 어떤 기능

이든 관찰 가능한 행동을 통해 식별할 수 있는 세 가지 수준의 전문성 또는 숙련도를 포함하고 있다.

- 학습자: 간단한 내용을 활용하여 ATL 기능을 '가장 효과적으로' 사용하는 방법을 익히며 ATL 기능 사용의 기초 **역량**을 기르는 단계
- 실행자: 점차 복잡해지는 교과 내용을 바탕으로 ATL 기능을 활용하며, **연습**을 통해 ATL 기능의 숙련도를 점진적으로 높이고, 필요할 때 그 기능을 사용할 수 있는 능력을 키우는 단계
- 전문가: ATL 기능을 완전히 **숙달**하여, 교사의 지원 없이, 혹은 교실 환경 밖에서도 ATL 기능을 자기 주도적으로 사용할 수 있는 단계

이 모델에서 기능 숙련도의 최고 단계는 자기 관리로 보고 있다. 이러한 기능 발전 단계는 에이브러햄 매슬로(Abraham Maslow)의 학습 단계[31] 및 존 스티븐슨(John Stevenson)의 역량 개발 이론[32]과도 일치한다. 개인이 의도적인 노력 없이 무의식적으로 기능을 사용할 수 있게 되면, 이는 더 이상 비계에 의존하지 않는 자기 관리 학습자의 수준에 도달한 것이며, 다른 사람에게 그 기능을 가르칠 수 있을 만큼 충분히 숙련되었다고 간주한다. 스티븐슨은 평생 학습자의 역량 발달을 익숙한 맥락에서 알고 있는 내용으로 학습 기능을 사용하는 단계에서 출발하여 낯선 맥락에서 모르는 내용에도 그 기능을 적용할 수 있는 단계로 발전하는 과정으로 보았다. 이는 모든 교수·학습의 궁극적인 목표인 자기 관리, 자기 주도, 자기 조절을 갖춘 평생 학습자를 기르는 것과 매우 밀접하게 연결된다.

ATL 기능의 자기 평가: 루브릭

교사의 관점에서 볼 때 ATL 기능 개발의 '기초 역량' 및 '역량 연습' 단계는

표 2-2 ATL 기능 자기 평가 기준표

기초 역량			역량 연습			역량 숙달
관찰하기	모방하기	시작하기	연습하기	향상하기	이해하기	가르치기
나는 다른 사람들이 해당 기능을 사용할 때 그 사용 방식이 어떻게 나타나는지 알고 있다.	나는 다른 사람이 해당 기능을 사용하는 것을 따라 할 수 있다.	나는 스스로 해당 기능을 사용하기 시작했다.	나는 익숙한 상황에서 혼자 해당 기능을 사용하고 있다.	나는 익숙하지 않은 상황에서도 해당 기능을 사용하는 데 점점 더 나아지고 있다.	나는 필요할 때마다 해당 기능을 사용할 수 있다.	해당 기능을 먼저 생각하지 않고 사용할 수 있다.
나는 해당 기능을 단계별로 나눌 수 있다.	나는 해당 기능을 한 번에 한 단계씩 사용한다.	나는 여전히 해당 기능을 의식적으로 한 단계씩 사용하고 있다.	나는 이제 해당 기능의 모든 단계를 함께 적용하기 시작했다.	나는 과거에 사용했던 방법을 참고하지 않고 해당 기능을 사용할 수 있다.	나는 과거에 사용했던 방법을 참고하지 않고 해당 기능을 자신 있게 사용할 수 있다.	나는 다른 학생에게 해당 기능을 사용하는 방법을 가르칠 수 있다.
나는 혼자 해당 기능을 사용할 때 많은 실수를 하고 질문도 많이 한다.	나는 여전히 실수를 하고 도움을 요청하지만 내 실수를 바로잡는 데 점점 능숙해지고 있다.	나는 약간의 도움을 받아 내 실수를 바로잡을 수 있다.	나는 내 실수를 스스로 바로잡을 수 있다.	나는 내 실수를 빠르게 바로잡을 수 있다.	나는 대부분의 실수를 즉각적으로 바로잡을 수 있다.	나는 내가 한 실수를 즉각적으로 바로잡을 수 있다.
나는 해당 기능을 사용하는 데 많은 도움이 필요하다.	나는 익숙한 상황에서 약간의 도움을 받아 해당 기능을 사용할 수 있다.	나는 해당 기능을 사용하는 데 가끔 도움이 필요하다.	나는 익숙한 상황에서 해당 기능을 사용하는 데 더 이상 도움이 필요하지 않다.	나는 익숙하지 않은 상황에서 해당 기능을 사용하는 데 가끔 도움이 필요하다.	나는 해당 기능을 사용하는 데 거의 도움이 필요하지 않다.	나는 익숙하지 않은 상황에서도 다른 사람의 도움 없이 해당 기능을 사용할 수 있다.

하위 단계로 세분화할 수 있으며 이는 수업에 활용될 수 있다. 교수 과정을 효율적으로 만들기 위해 나는 이 3단계 모델을 매우 실용적인 7단계로 구성된 ATL 기능 자기 평가 기준표로 세분화했다. 이 기준표는 모든 ATL 기능 개발에 활용할 수 있다.

각 ATL 하위 기능의 숙달 진술문과 다음의 양식을 제공하면 학생들은 자신의 ATL 기능 숙련도를 쉽게 평가할 수 있다.

표 2-3 ATL 기능 숙련도 학생 자기 평가 양식

ATL 기능 숙련도 학생 자기 평가							
ATL 기능	기초 역량			역량 연습			역량 숙달
	관찰하기	모방하기	시작하기	연습하기	향상하기	이해하기	가르치기

학생을 위한 지침: ATL 기능 숙련도의 자기 평가 방법

정기적으로, 1~2주에 한 번씩 이 활동을 사용하여 자신의 ATL 기능 숙련도에 대한 자기 평가를 수행해 볼 수 있다. 자기 평가는 최대한 정직하고 정확하게 수행해야 한다. ATL 기능은 점수나 등급으로 매길 필요는 없지만 각 기능을 습득하기 위해 자신의 숙련도를 스스로 판단해 보는 것은 자신감을 키우는 데 도움이 된다. 이것을 정기적으로 수행함으로써 정확하게 자기 평가하는 방법을 배우게 되며 이는 모든 독립적인 과제 수행을 위한 핵심 기능이다.

1. 첫 번째 열에 자신이 연습해 온 특정 ATL 하위 기능을 적는다.

2. 해당 ATL 하위 기능의 숙달 진술문을 찾는다. 이 내용은 **MYP/DP 학생용 워크북**의 각 하위 기능별 연습 문제의 도입부에서 참고하거나 교사가 제공할 수 있다. 숙달 진술문은 해당 하위 기능을 완전히 익히고 전문가 수준에 도달하기 위해 목표로 삼아야 할 수행 수준을 제시한다.
3. 자신의 현재 수행 능력과 기능 숙련도를 숙달 진술문에 설명된 내용과 비교해 본다. 현재 자신의 기능 숙련도를 입증할 수 있는 증거가 무엇인지 솔직하게 생각해 본다. 이 평가는 다른 사람이 보는 것이 아니라 자기 자신의 발전을 위한 것이다.
4. 앞서 제시한 자기 평가 차트를 사용하여 해당 기능에서 자신이 어느 단계에 있는지 확인하고, 자기 평가에서 올바른 칸에 체크 표시(또는 × 표시)를 한 뒤, 날짜를 기록한다.
5. 해당 ATL 하위 기능을 개발하기 위한 더 많은 연습 활동을 한다.
6. 다양한 과목에서 해당 ATL 기능을 사용하여 연습한다.
7. 교사, 학교 친구 또는 부모님에게 당신의 기능 사용 숙련도에 대한 생각 및 피드백을 받아 본다.
8. 기능을 사용하는 방식을 계속해서 조금씩 조정하여 자신의 숙련도를 지속적으로 향상시킨다.
9. 일정 시간이 지난 후(1주, 2주 또는 1개월 정도) 기능 숙련도가 향상되었다고 생각되면 자신의 숙련도를 재평가하고, 올바른 칸에 새로 체크 표시를 한 뒤, 날짜를 기록한다.
10. 전문가 수준에 도달할 때까지 계속 노력한다.
11. 그런 다음, 자신과 같은 수준에 도달할 수 있도록 다른 친구를 도와준다.

자신의 결과물의 수준을 스스로 정확하게 평가하는 방법을 배우는 것은 그 자체로 하나의 ATL 기능이다. 이 자기 평가 과정을 모든 ATL 기능을 평가하는 매개로 사용한다면 ATL 기능에 대한 평가는 곧 자기 평가라는 메타인지 기능을 기르는 과정이 된다. 다시 말해, 자기 평가를 메타인지를 발달시키는 도구로 활용하게 되는 것이다.

일반적으로 교사는 모든 ATL 기능의 개발과 평가를 위해 다음의 7단계를 활용할 수 있다.

1. 학생이 겪고 있는 특정한 학습 문제와 관련되거나 학급 전체에서 진단된 기능 부족에 대응하여 교실/교과목/학과/학교 차원에서 중점적으로 다룰 구체적인 ATL 기능을 결정해야 한다.
2. 집중할 기능을 명확하게 설명하고 숙련도 수준이 높은 사례와 낮은 사례를 함께 제시함으로써 기능의 특징을 명시적으로 드러낸다.
3. 이 기능이 '역량 숙달' 단계에 도달하면 어떤 모습일지 자세히 설명한다.
4. 학생이 자신이 생각하는 기능 숙련도를 스스로 평가할 수 있도록 한다(학습자에서 전문가까지).
5. 학생이 ATL 기능 자체를 사용하는 역량 개발에만 집중할 수 있도록 간단한 내용으로 해당 ATL 기능을 수행하는 '방법'을 가르친다.
6. 학생이 해당 ATL 기능을 사용할 수 있게 되면 그 기능을 수업에 통합하고 학생이 점점 더 복잡한 내용과 맥락에서 기능을 사용할 수 있도록 한다.
7. 학생에게 역량 숙달 단계에 도달할 때까지 자신의 숙련도를 지속적으로 자기 평가하도록 안내한다.

시간 확보

내가 2008년에 얻은 두 번째 교훈은 모든 ATL 또는 ATL 사고 및 학습 기능을 가르치는 데 반드시 시간을 별도로 확보해야 한다는 점이다.

오늘날 최고의 교육 전문가들의 견해를 살펴보면 ATL 및 21세기 사고 및 학습 기능의 필요성과 이를 발달시키기 위한 구체적인 방법에 대해 전반적인 공감대가 형성되어 있다.

- 캐스 머독(Kath Murdoch)[33]: 탐구 기반 학습 분야의 전문가로 잘 알려진 경험이 풍부한 교육자이자 컨설턴트이다. 머독은 학생이 탐구 학습에 필요한 ATL 기능을 효과적으로 익힐 수 있도록 다양한 아이디어와 전략을 개발해 왔다. 머독의 접근은 학생에게 진정성 있고 목적이 분명한 탐구 기회를 제공하고, 탐구 문화를 조성하며, 질문하는 능력을 기르고, 발달 수준에 맞는 구조화된 틀을 사용하며, 성찰과 메타인지를 촉진하고 협력을 장려하는 데 중점을 둔다. 이 전략은 비판적 사고, 의사소통, 자기 관리, 조사 및 대인 관계 기능과 같은 탐구 학습에 필요한 ATL 및 21세기 기능을 함양하는 것을 목표로 한다.
- 클레어 아모스(Claire Amos)[35]: 풍부한 경험을 지닌 교육자이자 저자로 학생이 학습에 대해 주인의식과 주도성을 갖고 참여할 수 있도록 돕는 다양한 아이디어를 제안해 왔다. 아모스는 프로젝트 기반 학습, 디지털 기술의 통합, 협력과 의사소통 촉진, 성찰과 메타인지 장려, 실제적인 평가 방법의 활용 등을 강조한다. 이러한 전략들은 비판적 사고, 의사소통, 자기 관리, 조사 및 대인 관계 기능과 같은 ATL 및 21세기 기능을 효과적으로 기르기 위한 것이다.
- 트레버 매켄지(Trevor Mackenzie)[35]: 탐구 기반 학습과 ATL 및 21세기 기능

개발에 관한 연구로 저명한 교육자이자 저자이다. 매켄지의 아이디어는 탐구 기반 학습, 학생의 주도성, 실제적 경험, 과학 기술의 통합, 성찰 및 협력을 중심으로 이루어져 있다. 이러한 접근을 수업에 적용함으로써 교사는 학생의 비판적 사고, 문제 해결, 협력, 의사소통 및 주도성을 포함한 ATL 및 21세기 기능 개발을 지원할 수 있다.

- 제이 맥타이(Jay McTighe)[36]: 저명한 교육 컨설턴트이자 저자이다. 맥타이의 교육과정 설계와 평가에 관한 연구는 비판적 사고, 문제 해결, 의사소통 및 협력과 같은 ATL 및 21세기 기능 개발을 지원한다.
- 린 에릭슨(Lynn Erickson)[37]: 개념 기반 교육과정 및 수업에 관한 연구로 잘 알려진 교육자이자 저자이다. 에릭슨의 아이디어는 주로 개념 기반 교육과정과 수업을 중심으로 이루어져 있으며 탐구 학습에 필요한 ATL 및 21세기 기능의 발달을 자연스럽게 뒷받침한다. 빅 아이디어, 본질적인 질문, 초학문적 학습, 메타인지, 실제적 평가에 초점을 맞춤으로써 학생은 비판적 사고, 문제 해결, 의사소통, 주도적인 탐구 기능을 자연스럽게 기를 수 있다.

모든 주요 전문가가 교실에서 ATL 및 21세기 기능을 개발하고 연습하는 가장 좋은 방법은 학생 스스로가 능동적인 탐구를 통해 '진실'을 구축하는 과정에 참여하도록 하는 것이라는 데 전반적으로 동의한다. 즉, 누군가가 알려 주는 진실을 수동적으로 받아들이기보다는 무엇이 진실인지 스스로 찾아가고 탐색하는 경험이 중요하다고 본다.

나는 앞서 언급한 전문가들의 견해를 비판하려는 것이 아니라 그들의 생각을 확장하는 의미에서 하나의 핵심 개념을 소개하고자 한다. 그것은 바로 ATL 기능을 기를 때 '무엇을 배우는가(learning what)'와 '어떻게 배우는가(learning how)'를 명확히 구분해야 한다는 점이다. 예를 들어, 자전거를 배운다고 가정해 보자. 자전거는 받았지만 어떻게 타는지에 대한 안내나 설명 없이 혼자 연습하게 된다면 시행착오를 거쳐 결국 탈 수는 있을 것이다. 하지만 출발 전에 '잘 타는 법'에 대한 코칭이나 지도가 주어진다면 그만큼 더 빠르고 효과적으로 배울 수 있다. 이와 마찬가지로, 학교에서 탐구 과제를 수행하기 위해 효과적인 연구자가 되어야 하는 학생이라면 과제를 **시작하기 전**에 필요한 모든 ATL 조사 기능을 충분히 익혀 두는 것이 큰 도움이 된다. 만약 연구 과제를 시작하기 앞서 이미 다음을 수행하는 **방법**을 배웠다면 어떨까?

- 연구 질문 만들기
- 키워드 검색 전략 구축하기
- 효과적으로 정보를 검색하기
- 연구 과제에 적합한 도구 정하기
- 증거 자료의 출처 평가하기
- 1차 및 2차 자료 구분하기
- 출처의 다양한 관점과 편향성 평가하기
- 타당한 증거 기반 연구 논증 작성하기
- 피드백을 활용하여 자신의 연구 평가하기

이 모든 것을 과제 전에 미리 익혀 두었다면 과제를 훨씬 더 효과적으로 수행할 수 있었을 것이다. 물론, 탐구 과제를 수행하기 위해서는 정보를 효율적으로 관리하고 저장하는 방법 외에도 지식 재산권, 학문적 정직성, 본문 인용, 참고 문헌 작성법 등을 숙지해야 할 것이다. 또한 같은 탐구 과제에서 비판적 사고와 문제 해결 능력을 활용해야 한다면 과제 시작 전에 다음 사항들을 미리 배워 두는 것이 큰 도움이 될 것이다.

- 데이터를 정확하게 분석하기
- 귀납적 및 연역적 논리 활용하기
- 정확한 추론과 함의 도출하기

- 전제와 가정을 평가하고 결론 도출하기
- 상관관계와 인과관계 구별하기
- 문제 해결하기

여기서 말하고자 하는 핵심은 모든 ATL 기능은 교과 내용 학습 전에 충분히 잘 가르칠 수 있으며, 이 순서대로 가르치면 학생은 교과 학습 환경에서 필요한 적절한 도구와 기능을 정확히 선택하고, 이를 최적의 방법으로 활용할 수 있다는 것이다.

사전에 ATL 기능에 대한 훈련 없이 학생에게 탐구(연구) 과제를 주는 것이 탐구 및 조사 기능을 가르치는 최선의 방법이라고는 생각하지 않는다. 앞서 언급한 모든 전문가의 의견과 마찬가지로 교과 수업에서 탐구 학습 환경을 조성하는 것이 학생이 교과 내용을 깊이 탐구하고 ATL 기능을 연습하며 역량 숙달 단계까지 발전시키는 가장 좋은 방법이다.

하지만 학생이 탐구 학습을 효과적으로 수행하기 위해서는 그 전에 반드시 앞서 언급된 모든 기능을 '어떻게 가장 잘' 활용할 수 있는지 알아야 한다. 모든 ATL 기능의 학습은 세 가지 단계의 과정, 즉 기초 역량, 역량 연습, 역량 숙달을 통해 이루어진다. 따라서 교사의 입장에서 모든 ATL 기능 개발은 기능 숙련도가 점진적으로 향상되는 세 가지 단계의 과정으로 볼 수 있다.

표 2-4 ATL 기능 숙련도 개발의 세 가지 단계

기초 역량	역량 연습	역량 숙달
학생은 간단한 내용을 통해 해당 ATL 기능을 '가장 효과적으로' 사용하는 방법을 배운다.	학생은 점점 더 복잡해지는 교과 내용을 통해 해당 ATL 기능을 연습할 기회를 갖게 되며 숙달을 목표로 발전해 나간다.	학생은 교사의 도움 없이 교실 환경 밖에서도 해당 ATL 기능을 독립적으로 사용할 기회를 갖게 된다.

교실에서 성공적인 탐구 학습은 두 가지에 달려 있다.

- 효과적인 탐구 기반 수업을 설계하는 교사의 역량
- 수업을 완수하는 데 필요한 모든 ATL 기능에 대한 학생의 역량

첫 번째 항목이 학교에서 최신 교사 연수를 통해 제공되고(가능하면 나를 포함한 앞서 소개한 사람 중 한 명에게서) 있다고 가정하면 두 번째 항목에 집중해야 한다. 여기서 내가 강조하고자 하는 핵심은 학생이 탐구 학습 환경에서 효과적으로 배우는 데 필요한 모든 ATL 기능 역량을 개발하는 데에는 별도의 수업 시간이 필요하다는 것이다. 따라서 우리가 던져야 할 가장 중요한 질문은 '수업 시간은 어디에서 확보할 수 있는가?'이다. 이미 빽빽하게 짜여 있는 교육과정 속에서 교사가 학생에게 탐구 수업 전에 반드시 익혀야 할 ATL 기능들을 효과적으로 가르칠 시간을 어디에서 마련할 수 있을까? 이를 해결할 수 있는 방법은 두 가지가 있다.

- 정규 교과 수업 시간에 ATL 기능 교육을 온전히 통합하는 방법
- 일부는 교과 수업 외 시간에 별도로 진행하는 방법

앞서 말했듯이, 나는 지금까지 39개국 300개 이상의 학교와 일하며 수천 명의 교사를 만나 왔다. 하지만 지금껏 학생에게 가르쳐야 할 모든 교과 내용을 소화하기에 충분한 시간을 가진 교사는 만나 본 적이 없다. 내가 방문했던 모든 학교에서 교사가 공통적으로 겪는 현실은 교과 과정의 모든 내용을 충분히 다루기에도 시간이 턱없이 부족하고 새로운 무언가를 추가로 가르칠 여유는 더욱 없다는 것이다.

만약 여러분의 학교가 이 정도의 상황은 아니고 교사가 교과 수업 내에서 학생에게 각 ATL 기능을 '어떻게 가장 잘' 활용하는지 가르칠 시간적 여유가

있다면 이를 실현할 수 있는 세 가지 주요 방법이 있다.

- 수업 전날 ATL 기능 연습 활동을 숙제로 제시하고, 다음 날 수업 시작 시 학생에게 해당 ATL 기능을 가장 잘 사용하는 방법에 대한 핵심 내용을 성찰하게 한 후, 수업 중에 교과 내용과 함께 그 기능을 연습하게 한다.
- 수업 도입부에서 학생에게 ATL 기능 연습 활동을 수행하게 한 후 바로 이어서 교과 내용과 함께 해당 기능을 연습하게 한다.
- 수업 전체를 ATL 기능 연습 활동을 중심으로 구성한다.

이러한 방식이 가능하려면 교사는 각 ATL 기능을 학생이 실제 교과 내용에 적용해 보기 전에 '어떻게 가장 잘 사용할 것인가?'을 가르치는 데에 시간을 할애할 수 있어야 한다. 즉, 이와 같은 세 가지 접근 방식은 교사가 일정 수준 이상의 여유 수업 시간을 가지고 있다는 전제에 기반하고 있다. 그러나 내가 실제로 경험한 바로는 대부분의 교사에게 그런 여유 시간은 존재하지 않는다. 그리고 이 세 가지 방식 모두 특별히 효과적이라고 보기는 어렵다.

하지만 학교 교육과정에 각 ATL 기능의 **가장 효과적인** 활용 방법을 명시적으로 가르치는 접근 방식이 반영되어 있고, 학생 개인의 시간표에도 ATL 기능 교육 및 학습을 위한 시간이 특별히 배정되어 있다면, ATL 교육 프로그램은 반드시 성공할 것이다.

만약 ATL 기능을 명시적으로 가르치는 접근이 이루어지지 않는다면 어떤 형태의 탐구 기반 수업이라도 학생은 몰입하거나 효과적으로 배우는 데 어려움을 겪을 것이다. 이는 학생이 탐구 활동을 수행하는데 필요한 기능 숙련도를 갖추지 못했기 때문이다. 더 나아가 교사는 탐구 기반 수업 방식을 포기하고 다시 전통적인 지식 전달형 수업, 즉 흔히 말하는 '칠판 강의'로 되돌아갈 수 있다. 교사는 탐구 기반 학습이 실제로 효과가 없는 방식이라고 확신하며 자신의 결정이 완전히 정당하다고 느끼게 되는 것이다. 그러나 탐구 학습이 실패하는 이유는 교수법의 문제가 아니다. 그것은 탐구를 효과적으로 수행하기 위한 기능을 학생이나 교사가 충분히 갖추고 있지 않았기 때문이다.

교사가 반드시 인식해야 할 가장 중요한 점은 다음과 같다. 예를 들어, 학생이 'ATL 조사 기능'의 각 하위 기능을 학습의 효과성과 효율성을 극대화할 수 있는 가장 적절한 방식으로 명확하게 배우게 된다면 그 교육은 한 번만 이루어져도 충분하다. 특정한 ATL 기능을 가장 효과적으로 사용하는 방법을 익히면, 그 기능은 이후 어떤 과목의 수업에서도 반복해서 활용될 수 있다. 이제 모든 교사는 모든 학생이 이미 조사하는 방법을 잘 알고 있다는 확신을 가지고 연구 과제를 제시할 수 있으며 그러한 기반 위에서 탐구 학습 환경은 활성화되고 탐구 기반 교수 또한 성공적으로 이루어질 수 있다. 이 모든 것의 핵심은 다음 두 가지이다.

- 학생이 자신이 속한 학년과 과목에서(과목별 수준에 따라) 성공하는 데 필요한 새로운 ATL 기능을 명시적으로 배울 수 있도록 주간 시간표에 해당 기능을 학습하기 위한 시간이 배정되도록 한다.
- 모든 교사가 (디지털 공유 스프레드시트와 같은 도구를 활용하여) 학생이 언제 어떤 ATL 기능을 어떻게 배웠는지 파악하고 이를 바탕으로 해당 ATL 기능의 연습을 교과 내용과 연계하여 실제 수업에 적용하도록 한다.

내가 지금까지 본 방법 중 가장 효과적인 사례는 다음과 같았다. 모든 학생(초등학교 5~6학년부터 고등학교 3학년까지)[주]의 시간표에 주당 한 시간씩 '학

주) 내가 학습 기능 수업을 초등 5학년 또는 6학년부터 시작하자고 제안하는 이유는 ATL 기능이 PYP 단계에서 중요하지 않다고 말하려는 것이 아니다. 오히려 내가 보기에는 PYP 시기는 거의 전적으로 ATL 기능을 배우는 시기라고 해도 과언이 아니다. 하지만 PYP 단계에서는 이러한 기능들이 이미 수업 전반에 자연스럽게 통합되어 있으며 별도로 뽑아내어 명시적으로 가르칠 필요 없이 충분히 잘 다뤄지고 있다. 나는 PYP 교사로 일해 본 적은 없고 이 분야의 전문가라고 할 수는 없지만 많은 PYP 교사와 함께 수업을 하거나 연수를 하며 관찰한 바로는 PYP 수업의 핵심은 결

습 기능'(또는 ATL 기능, PLTS, 사고 기능 등 적절한 명칭) 수업을 편성하는 방식이다.

이렇게 마련된 학습 기능 교육과정은 학생이 각 인지적·메타인지적·정서적 ATL 기능을 '가장 효과적으로' 활용하는 방법을 배울 수 있도록 구성된 점진적인 ATL 기능 연습들로 설계될 수 있다. 각 활동은 학생이 흥미를 느끼고 몰입할 수 있도록 재미있고 주제와 관련된 콘텐츠를 활용하여 진행될 수 있다. 학생이 각 ATL 기능을 사용하는 방법을 일단 배우고 나면 그 기능은 모든 교과 수업에서 연습하고 발전될 수 있다. 이로써 가르침과 배움을 위한 틀이 구축되어 다음 사항들이 보장된다.

- 모든 학생이 매 학년 마주하게 되는 새로운 학문적 도전 과제를 해결하는 데 필요한 인지적·메타인지적 ATL 기능을 갖추게 된다.
- 모든 학생은 학교와 개인 생활에서 마주하는 모든 사회적·정서적 어려움을 해결할 수 있도록 적절한 시기에 정서적 ATL 기능을 함께 갖추게 된다.
- 학생은 학교를 졸업할 무렵 더 높은 수준의 학업적 성취를 이루고 다양한 직업, 직종, 진로 그리고 미래의 비즈니스를 준비하는 데 필요한 모든 ATL 기능을 명시적으로 배우게 될 것이다.

그리고 앞서 언급했듯이 ATL 프로그램이 효과적으로 운영되면 다음과 같

국 학생이 스스로를 관리하고, 시간을 조절하며, 목표를 설정하고, 타인과 협력하고, 효과적으로 의사소통하고, 정보를 기록하고 발표하는 방법을 배우는 데 있다. 이 모든 것은 ATL 기능이다. 이러한 기능들은 PYP 수업 속에서 이미 자연스럽게 가르쳐지고 있기 때문에 따로 분리해 다루지 않아도 그 역할은 충분히 수행되고 있는 셈이다. 반면, MYP와 DP 단계에 접어들면서 교수의 초점은 점차 '과정 숙달'에서 '교과 내용 숙달'로 이동한다. 교과 내용을 깊이 이해하고 성취하기 위해서는 ATL 기능에 대한 높은 숙련도가 필요하다. 그렇기 때문에 초등 고학년인 5학년 또는 6학년부터는 ATL 기능을 명시적으로 가르치는 프로그램이 요구된다.

은 긍정적인 변화가 나타날 것이다.

- 모든 정규 과목에서 학생의 학습 효율성 및 효과성이 향상된다.
- 형성 평가와 총괄 평가 및 모든 중요한 시험에서의 성과가 향상된다.
- 학생의 자기 학습 관리 능력이 향상된다.

이 접근 방식의 흥미롭고 부수적인 효과를 알게 된 것은 내가 런던의 한 학교를 다시 방문했을 때였다. 그 학교는 내가 1년 전에 명시적인 ATL 기능 프로그램을 도입하는 데 도움을 주었던 곳이다. 지난 1년 동안 매주 한 시간씩 '사고 기능' 수업을 받아 온 중학교 3학년 학생들과 이야기를 나누고 있었다. 학생들은 자신의 ATL 기능 워크북을 보여 주었고 언뜻 보니 모든 연습 문제를 잘 푼 것처럼 보였다. 그래서 사고 기능 수업에 대해 어떻게 생각하는지 물었더니 다음과 같이 답했다. "정말 좋았어요!" 점수에 반영되지 않으니까요!"라고 말하는 것이었다.

그 대답이 내게 매우 흥미롭게 들렸다. 학생들의 말에 따르면 이 수업에서는 시험이 없고, 성적이나 점수도 매겨지지 않으며, 자기 평가 외에는 어떠한 평가도 이루어지지 않기 때문에 자신감을 얻고 동기 부여가 되어 연습을 완료하고 과제를 수행했다는 것이었다.

그 후 나는 학생들의 ATL 기능 워크북을 자세히 살펴보고 교사들이 사고 기능 수업에서 가르친 내용과 비교해 보았다. 그 결과, 학생들은 요구된 활동뿐 아니라 필수 과제가 아닌 다른 많은 ATL 기능 개발 연습 문제도 상당수 완료했다는 것을 알게 되었다. 학생들에게 그 이유를 물었더니 다음과 같이 대답하는 것이었다. "이 책은 마치 학교 생활을 위한 사용 설명서와 같아요." "이 연습은 제가 모든 과목을 더 잘 배우는 데 도움이 돼요." "학교에서 무엇을 어떻게 해야 하는지 알아야 할 때 여기에서 방법을 찾을 수 있어요."

학생들이 발견한 것은 학습이 과정 중심이라는 점이었다. 학문적 도전 과제를 수행하기 전에 그것을 '어떻게' 잘하는지를 먼저 배우면 훨씬 더 효과적이고 효율적으로 과제를 수행할 수 있으며 더 좋은 결과를 얻을 수 있다는 것을 알게 된 것이다. 즉, 더 나은 점수, 성취, 성적을 얻게 된다는 것을 스스로 경험한 것이다. 학생들은 이러한 즉각적인 긍정적 결과를 확인했기 때문에 학습 효과를 높이는 과정 자체에 적극적으로 참여하려는 내적 동기를 갖게 되었던 것이다.

내가 여기서 강조하고자 하는 핵심은 학생이 직면한 학업적·사회적·정서적 도전에 대처하는 데 필요한 ATL 기능을 명시적이고 직접적으로 가르칠 수 있도록 모든 학생의 주간 시간표에 이를 위한 시간을 반드시 할당해야 한다는 점이다.

나는 학생의 ATL 기능이 완전하게 숙달되기 위해서는 두 단계의 과정이 필요하다고 본다. 첫째, 학습 기능 수업을 통해 필요한 ATL 기능을 익힌다. 둘째, 이후의 교과 수업에서도 그 기능을 지속적으로 활용한다. 이 접근 방식의 장점은 다음과 같다.

- ATL 기능의 개발은 학생이 마주하는 각 도전 학습 과제에 앞서 필요한 적절한 인지적·메타인지적 기능을 갖출 수 있도록 계획될 수 있다. 이는 모든 학년에서 가능하다.
- 또한 ATL 기능의 개발은 모든 학생이 각 학년 수준에서 직면하는 모든 사회적·정서적 도전에 대처할 수 있는 적절한 정서적 기능을 갖출 수 있도록 계획될 수 있다.
- 일반 교과 교사는 교과 수업을 진행하는 동안 ATL 기능의 '방법'까지 가르치는 데 시간을 할애할 필요가 전혀 없다. 오로지 '무엇'에만 집중하여 모든 교과 내용을 학습하는 과정에서 학생이 이미 배운 ATL 기능을 효과적으로 연습하고 발전시킬 수 있다.
- 학생이 이미 해당 교수·학습 방식에 적응하는 데 필요한 모든 ATL 기능

을 익혔다면 모든 교사는 탐구 기반 교수법, 문제 기반 교수법, 경험을 통한 학습, 독립 학습 및 원격 학습을 훨씬 수월하게 운영할 수 있다.

- 모든 교사가 담당 과목의 전문가인 동시에 ATL 기능 '전문가'가 되어야 할 필요는 없다.
- 학습 기능 수업을 담당하는 교사가 정식 교육과정과 충분한 교수 자료를 바탕으로 수업을 운영한다면 해당 교사는 학교 내에서 ATL 기능 전문가로 성장할 수 있으며 다른 교사들과 자신의 전문성을 공유할 수 있다.

ATL 기능 개발의 명시적·암시적 모델

명시적 교수

- 모든 학생의 시간표에 매주 1시간의 학습 기능 수업을 포함시킨다(적어도 초등학교 5~6학년부터 중고등학교 학생까지).
- 학습 기능 프로그램의 교육과정은 모든 학년의 학생이 효율적이고 효과적으로 ATL 기능을 학습하고 신장시킬 수 있도록 지원하고 돕기 위해 설계된다.
- 학습 기능 수업에서 학생은 학습에 임하고 사회적·정서적 도전에 대처하는 데 필요한 모든 ATL 기능을 명시적으로 배우게 된다.
- ATL 기능은 다양한 ATL 기능 범주를 아우르도록 설계되고 유기적으로 연계된 기능 중심 활동으로 구성된 프로그램을 통해 교육되고 학습된다.
- 학습 기능 수업의 목적은 학생이 각 ATL 기능을 가장 효과적으로 활용하는 방법을 배우는 것이다.
- 유일한 평가는 자기 평가이며, 자기 평가는 그 자체로 ATL 기능 중 하나로서 함께 지도된다.

- 각 ATL 기능이 역량 숙달 단계까지 도달하기 위해서는 교과 수업 안에서 실제 과목 내용을 활용하여 해당 기능을 지속적으로 연습하는 과정이 필요하다.
- 모든 교사가 열람할 수 있는 디지털 공유 스프레드시트를 구축하여 학생이 어떤 연습 활동을 통해 언제, 어떤 ATL 기능을 배웠는지 확인할 수 있도록 한다.

암시적 교수

- 교사는 학생이 일반 교과 수업에서 학습 과제를 수행하는 데 필요한 ATL 기능을 사전에 갖추고 있을 것이라는 확신을 가질 수 있다.
- 교사는 학생이 언제, 어떤 ATL 기능을 배우게 될지 사전에 쉽게 확인할 수 있으며 해당 기능을 자신의 수업에 포함할 계획을 세워 학생이 교과 내용을 혁신적인 방식으로 학습할 수 있도록 할 수 있다.
- 학생이 이러한 교수·학습 방식을 성공적으로 활용하는 데 필요한 ATL 기능을 이미 갖추고 있다는 사실을 알게 되면 교사는 탐구 기반 교수, 문제 기반 교수, 경험을 통한 학습, 독립 학습 및 원격 학습을 더욱 적극적으로 시도하고자 하는 동기를 얻게 된다.
- 모든 교과 학습은 학생이 ATL 기능을 연습하고 교과 내용을 학습할 수 있는 기회가 된다.
- 학생은 각 ATL 기능을 가장 효과적으로 활용하는 방법을 익힌 후 모든 교과에서 해당 기능을 연습하며 역량 숙달 단계까지 발전시켜 나갈 수 있다.
- ATL 기능 개발 프로그램을 마치고 학교를 졸업할 즈음이면 학생은 미래의 모든 교육, 직업, 진로 및 비즈니스에서 성공하는 데 필요한 모든 ATL 기능을 충분히 연습하고 갖춘 상태가 되어 있을 것이다.

제3장

ATL 기능 프레임워크:
ATL 기능의 14가지 범주

2013년, 당시 MYP 개발 팀장이었던 맬컴 니컬슨(Malcolm Nicolson)의 요청으로 나는 MYP ATL 프레임워크를 설계하게 되었다. 그 결과, 열 가지의 범주와 134가지의 하위 기능으로 구성된 프레임워크를 만들었고 이는 2014년 「중등교육 프로그램: 원리부터 실천까지」에 공식 수록되었다. 그 이후 몇 년 동안 MYP 교사들이 이를 적용하도록 돕는 데 전념해 왔다. 이 프레임워크는 웹사이트(www.taolearn.com)의 ATL 자료(ATL Resources) 페이지에서 엑셀 형식으로 내려받을 수 있다(2014-Original MYP ATL full framework[1] 참조).

MYP ATL 프레임워크 작업 이후 DP ATL 프레임워크의 구조를 설계하는 위원회에도 참가해 달라는 요청을 받았다. 그러나 이 프로젝트는 결국 공식적인 프레임워크로 완성되지 못했다. 그래서 2017년에 나는 독자적으로 DP ATL 프레임워크를 만들었고 많은 사람이 이를 유용하게 활용하고 있다. DP ATL 프레임워크는 웹사이트(www.taolearn.com)[2]에서 내려받을 수 있다.

2018년에는 PYP에서도 자체적인 ATL 프레임워크를 만들었는데 이 작업에는 직접적으로 관여하지 않았지만 일부 내용은 내가 설계한 MYP 프레임워크에서 그대로 옮긴 것이다.

그 결과, 2019년에는 총 22가지의 범주와 200가지가 넘는 하위 기능을 포함하는 서로 다른 세 가지 ATL 기능 프레임워크(PYP, MYP, DP)가 생겨났다. 이 모든 것이 원래의 다섯 가지 ATL 기능 영역을 바탕으로 만들어졌다고는 하지만 결과적으로는 다소 혼란스러운 구조가 되어 버렸다.

표 3-1 IB ATL 프레임워크

ATL	PYP	MYP	DP
의사소통	정보 교환	의사소통	의사소통
	문해력		
	정보 통신 기술		
대인 관계	긍정적인 대인 관계	협력	대인 관계
	협력		
	사회정서적 지능		
자기 관리	조직화	조직화	조직화
	마음가짐	정서	인성
		성찰	
조사	정보 활용 능력	정보 활용 능력	조사
	매체 문해력	매체 문해력	
	미디어/정보의 윤리적 사용		
사고	비판적 사고	비판적 사고	비판적 사고
	창의적 사고	창의적 사고	창의적 사고
	전이	전이	컴퓨팅 사고
	성찰/메타인지		

2020년 클레어몬트 평가원은 2018년 보고서의 성과 회고 요약본을 발표했다.[3] 이 보고서는 2014년부터 IB 학교에서 시행된 MYP '새로운 장(New Chapter)' 프로젝트의 실행 성과를 평가한 것이었다. 전반적인 결론은 대부분의 학교가 '새로운 장'의 완전한 실행[4]을 향해 긍정적으로 나아가고 있지만 ATL 기능이 가장 강한 비난을 받았다.

클레어몬트 평가원은 125개국 467개의 IB 학교를 조사하고 2,672명의 교사와 16,923명의 학생을 인터뷰했다. 이 보고서에 따르면 (MYP) ATL 기능을 실천한 학교들을 네 가지 그룹으로 분류할 수 있었다.

1. ATL 기능이 단원 계획서에 언급되지만 실제 수업에서는 다뤄지지 않는 학교
2. ATL 기능의 연습, 개발, 성찰이 단원 계획서에 상세히 기록되고 수업에서 설명되지만 실제로 명시적으로 가르치거나 연습하지 않는 학교
3. 모든 단원 계획서에 ATL 기능이 포함되며 교과 수업에서 명시적으로 가르치고 실제로 연습하는 학교
4. 3번과 동일하되, ATL 기능의 학년 간(수평적) 및 학년 내(수직적) 정렬 및 개발 계획까지 실행하는 일부 학교

3번 그룹은 '매우 소수의 학교'에 해당되었고 4번 그룹은 그중에서도 일부만 해당되었다.

나는 이 저조한 성과에 대한 전적인 책임을 느꼈다. 만약 내가 아니었다면 ATL 기능은 아마 탄생하지 못했을 것이고, 다섯 가지 핵심 영역을 열 가지 ATL 군집으로 바꾸도록 강력히 주장하지 않았다면, 지금처럼 학교 전반에 걸쳐 직면하고 있는 ATL 범주의 극심한 혼란을 겪지 않았을 것이다.

여기서 우리가 인식해야 할 중요한 점은 다음과 같다. 학생이 학창 시절 동

안 다양한 교과를 정하고 그에 따라 학습 내용이 계속 바뀌는 것은 매우 자연스럽고 당연한 일이다. 그러나 학생의 몰입 방식과 학습 과정 자체는 크게 달라지지 않는다. 효과적인 학습은 의사소통, 협력, 조사, 사고, 자기 관리와 관련된 다양한 기능, 기법, 전략으로 구성된 과정이다. 학생이 학교생활을 하면서 이해의 복잡성은 계속해서 증가하지만 배우는 방식은 본질적으로 동일한 기능을 활용한다. 나는 항상 ATL 기능이 학생의 학교생활 동안 변하지 않는 일관된 끈처럼 생각될 수 있다고 믿어 왔다. 즉, 다른 모든 것이 끊임없이 변화하는 가운데 ATL 기능은 학생이 붙잡을 수 있는 변하지 않는 것이 될 수 있다는 것이다. 그러나 이를 실현하기 위해서는 어떤 ATL 기능을 가르칠지, 언제, 어디서, 누가 가르칠지에 대한 명확한 규명뿐만 아니라 모든 학년에 걸쳐 ATL 기능 개발의 수평적·수직적 정렬이 완전하고 효과적으로 이루어져야 한다.

그래서 클레어몬트 평가 보고서를 읽으면서 그 모든 것을 제대로 수행하는 학교가 극소수에 불과하다는 것을 알고 안타까움을 느꼈다. 특히 클레어몬트 평가 보고서는 '새로운 장' 프로젝트가 도입이 된 이후 지난 10년 동안 학교 교사들과 진행해 온 모든 ATL 전문성 개발의 핵심이었다는 점을 고려하면 더욱 그렇다.

그래서 앞서 말했듯이, 이 결과에 대해 나는 전적으로 책임을 느낀다. 바쁜 학교들이 ATL 시행을 효과적으로 처리하기에는 너무 복잡하게 만든 게 사실이다. 그래서 클레어몬트 평가 보고서 이후 나는 이 과정을 단순화하는 것을 사명으로 삼아 왔다. 모든 학교가 실제로 적용 가능한 간단한 단계들을 정리해, MYP는 물론, PYP와 DP의 ATL 목표까지 실현할 수 있도록 누구나 활용할 수 있는 형태로 문서화하려 했다. 그리하여 이 책이 나온 것이다.

PYP, MYP, DP의 서로 다른 ATL 프레임워크로 돌아가자면 다행히도 중요한 것은 프레임워크 그 자체가 아니다. 어떤 프레임워크든 괜찮다. 중요한 것은 모든 학생이 학교생활에서 마주할 학업적·사회적·정서적 도전을 처리할 수 있도록 필요한 모든 ATL 기능을 제때 갖추고 있는지를 보장하는 일이다.

따라서 클레어몬트 평가 보고서에 대한 대응으로 나는 ATL 기능의 전체 범주의 분류 체계를 단순화하는 것이 첫 번째 단계여야 한다고 생각했다. 그렇게 함으로써 모든 학교가 유치원부터 고등학교까지 사용할 수 있는 단순하면서도 포괄적인 ATL 기능 프레임워크를 만들 수 있게 될 것이다(이 프레임워크는 모든 21세기 기능과 역량에도 적용될 수 있다).

이 목표를 달성하기 위해 나는 찾을 수 있는 모든 ATL 및 21세기 기능 프레임워크를 조사했고 그 결과, 기존 IB의 다섯 가지 ATL 기능 개발 영역에 연계된 14가지 범주의 ATL 기능 프레임워크를 새롭게 구성했다. 이 프레임워크는 현재 내가 모든 학교급과 교육 수준에서 사용하는 것으로 여러분에게 유용하다면 자유롭게 활용하길 바란다.

ATL 기능: 14가지 범주

의사소통	1. 언어 기능
	2. 매체 활용 기능
대인 관계	3. 그룹 기능
	4. 대인 관계 기능
자기 관리	5. 메타인지 기능
	6. 조직화 기능
	7. 공부 기능
	8. 인성 기능
조사	9. 조사 기능
	10. 의사결정 기능
사고	11. 비판적 사고 기능
	12. 컴퓨팅 사고 기능
	13. 아이디어 생성 기능
	14. 적응적 사고 기능

나는 또한 이 14가지 ATL 기능 범주를 111가지 하위 기능으로 세분화하고 각 하위 기능에 대해 300개 이상의 교수·학습 활동을 함께 개발했다. 이 시스템을 활용하면 모든 학년에 걸친 ATL 계획을 단순화할 수 있을 것이다.

14가지 ATL 범주와 111가지 하위 기능

의사소통		
1. 언어 기능	1.1 피드백 주고받기	1.7 상징 사용하기
	1.2 문화 간의 이해	1.8 환언하기(다른 말로 바꾸어 표현하기)
	1.3 서로 다른 목적의 글쓰기	1.9 글쓰기 조직자 선택하기
	1.4 비판적 읽기	1.10 에세이 작성하기
	1.5 다양한 유형의 글 읽기	1.11 과학적 글쓰기
	1.6 좋은 질문하기	1.12 비즈니스 글쓰기
2. 매체 활용 기능	2.1 비언어적 의사소통	2.5 매체 영향
	2.2 발표 자료 만들기	2.6 매체 형식
	2.3 매체 선택하기	2.7 멀티미디어 의사소통
	2.4 플랫폼 선택하기	2.8 매체 영향과 윤리
대인 관계		
3. 그룹 기능	3.1 공감	3.7 갈등 해결
	3.2 협상	3.8 디지털 협업
	3.3 책임지기	3.9 팀
	3.4 위임	3.10 리더십
	3.5 공정성과 형평성	3.11 협상
	3.6 합의 도출	3.12 인력 관리
4 대인 관계 기능	4.1 소셜 미디어	4.4 소셜 미디어 정체성
	4.2 사회적 행동	4.5 소셜 미디어 보안
	4.3 욕구, 요구, 권리	
자기 관리		
5. 메타인지 기능	5.1 내용 성찰	5.4 자기 평가 학습 기능 개발
	5.2 이해 성찰	5.5 수행 능력 향상
	5.3 학습 전략 성찰	5.6 성찰 일지 작성

범주		
6. 조직화 기능	6.1 도구 정리	6.5 마감일 관리
	6.2 파일 정리	6.6 시간 및 과제 관리
	6.3 테크놀로지 사용	6.7 시험공부 일정 계획
	6.4 목표 달성	6.8 시험 기법
7. 공부 기능	7.1 효과적으로 기억하기	7.4 요약 노트 만들기
	7.2 최상의 학습 방법	7.5 발표 자료에서 요약 노트 만들기
	7.3 다른 사람의 성공 돕기	7.6 속독
8. 인성 기능	8.1 집중과 마음챙김	8.6 자기 동기 부여
	8.2 위험 평가	8.7 가치와 미덕
	8.3 인내와 끈기	8.8 회복탄력성
	8.4 충동과 분노	8.9 잘 실패하기
	8.5 압박과 스트레스	8.10 용기
조사		
9. 조사 기능	9.1 연구 질문 개발	9.8 연구 과제와 도구 연결
	9.2 검색 전략 수립	9.9 자료의 신빙성
	9.3 효과적인 검색	9.10 윤리적 연구
	9.4 정보 비교	9.11 지식 재산권, 학문적 진실성 및 출처 표기
	9.5 정보 정리 및 저장	9.12 피드백을 활용한 연구 평가
	9.6 1차 및 2차 자료	
	9.7 자료 및 도구	
10. 의사결정 기능	10.1 다양한 관점 식별	10.4 삼단 논법 및 논리
	10.2 출처의 편향성 평가	10.5 증거 기반 논증(주장) 전개
	10.3 결론 도출	10.6 쉬운 선택과 어려운 선택
사고		
11. 비판적 사고 기능	11.1 관찰하기	11.7 가정 인식하기
	11.2 아이디어와 영향	11.8 데이터 분석
	11.3 브레인스토밍	11.9 적용과 함의
	11.4 여러 관점 고려하기	11.10 문제 해결: 세계적으로 사고하고 지역적으로 행동하기
	11.5 시사점 및 추론	
	11.6 상관관계와 인과관계	
12. 컴퓨팅 사고 기능	12.1 분해	12.4 알고리즘적 사고
	12.2 패턴 인식	12.5 컴퓨팅 사고를 활용한 문제 해결
	12.3 추상화	

13. 아이디어 생성 기능	13.1 불가능한 해결책 13.2 연결과 아이디어 13.3 추측	13.4 100가지 활용 13.5 은유적 사고
14. 적응적 사고 기능	14.1 시각적 사고 14.2 유연한 사고 14.3 모방을 통한 창조	14.4 개선점 14.5 연결과 확장 14.6 형태와 기능

(학교에서 자신의 ATL 매핑 및 전문성 신장 계획을 위해 활용할 수 있는 전체 프레임워크 엑셀 파일은 웹사이트(https://www.taolearn.com)[5]에서 확인할 수 있다.)

제4장

정신 건강을 위한 정서적 ATL 기능 가르치기

ATL 기능의 전체 교육과정은 다음 세 가지 그룹으로 나눌 수 있다.

- 인지 기능: 능동적인 정보 처리 및 회상 능력(예: 노트 작성, 듣기, 시간 관리, 질문하기, 연구하기)
- 정서적(인성) 기능: 학생이 자신의 기분, 동기, 태도를 어느 정도 조절할 수 있도록 돕는 기능(예: 자기 동기 부여, 끈기, 회복탄력성, 감정 조절)
- 메타인지 기능: 생각에 대한 사고(예: 학습 및 사고 전략 인식, 새로운 전략 시도, 학습 효과성을 지속적으로 향상)

앞으로 이어지는 세 개의 장에서 28년간 쌓아 온 경험을 토대로 이 세 가지 ATL 그룹에 속하는 기능을 최적의 방식으로 가르치는 방법을 자세히 설명하겠다. 각 범주별로 내가 중요하다고 생각하는 교수의 일반 원칙을 설명하고 교실에서 즉시 활용 가능한 구체적인 연습 문제들을 제공할 것이다. 이 내용이 여러분께 도움이 되기를 바란다.

(이 책에 포함된 모든 연습 활동과 추가로 250개 이상의 ATL 기능 연습 활동은 『MYP 학습 접근 방법 학생용 워크북』 및 『DP 학습 접근 방법 학생용 워크북』과 www.atlskills.com에서 확인하거나 자세한 내용은 lance@taolearn.com으로 문의할 수 있다.)

앞에 제시된 ATL 세부 교육과정을 살펴보면 ATL 기능의 14가지 범주 중 많은 하위 기능이 인지 기능 영역에 속한다는 것을 알 수 있을 것이다.

- 조직화 기능
- 공부 기능
- 언어 기능
- 매체 활용 기능
- 그룹 기능
- 대인 관계 기능
- 조사 기능
- 비판적 사고 기능
- 컴퓨팅 사고 기능
- 의사결정 기능
- 아이디어 생성 기능
- 적응적 사고 기능

인지 기능은 모든 미래 교육, 직업, 일자리 및 비즈니스에서 성공하는 데 필요한 ATL 기능의 90% 이상을 차지한다. 그 이유는 인지 기능이 정보를 처리하는 데 핵심적인 역할을 하기 때문이다. 우리 모두 알다시피, 앞으로의 세상에 지금보다 정보가 줄어들 가능성은 거의 없다. 정보의 양은 앞으로 더 많아질 것이 분명하며 그렇기에 인지 기능은 더욱 중요하다. 학생에게 이러한 기능을 명시적으로 가르치는 것은 정보 처리 능력 측면에서 큰 이점을 제공할 것이다. 그러나 인지적 ATL 기능이 가장 중요한 기능이라고 생각하지는 않는다.

ATL 기능의 메타인지적 평가의 활용에 대해 앞 장에서 다루었으며 다음 장에서는 메타인지 기능을 가르치는 구체적인 방법에 대해 더 자세히 설명하겠다. 여기에서 집중하고자 하는 ATL 기능 군집은 모든 인간 활동에서 가장 근본적으로 중요한 기능이라고 믿는 정서적 기능이다. 앞서 제시한 프레임워크에서 이러한 기능들은 대부분 인성 기능 범주에 속하지만 일부는 그룹 및 대인 관계 기능 범주에도 포함된다.

당신이 현재 가르치고 있는 학생은 완전히 독특한 특성을 지닌 집단이다. 이미 2019년부터 10대들의 정신 건강 문제가 심각해지고 있다는 사실이 사회적으로 인식되었고, 그 후 코로나19까지 겪었기 때문이다. 최근 진행한 워크숍에서 교사들이 말하는 2019년과 비교한 현재 학생들의 특징은 다음과 같다.

- 행동 및 감정 통제 능력 감소
- 학급 친구들과의 교류 능력 감소
- 협력을 통한 소집단 학습 능력 감소
- 타인에 대한 이해 및 공감 능력 감소
- 타인의 관점을 수용하는 허용성 감소

만약 당신의 교실에서도 같은 상황이라면 정서적 ATL 기능을 직접 가르침으로써 학생을 도울 수 있는 절호의 기회이다. 특히 인성 기능 범주에 포함된 기능들이 중요한 역할을 할 것이다.

인성 기능

- 집중과 마음챙김
- 인내와 끈기
- 압박과 스트레스에 대한 대처
- 자기 동기 부여
- 회복탄력성
- 잘 실패하기
- 용기

오늘날 학교의 모든 학생이 집중력, 압박 대처 능력, 끈기, 자기 동기 부여, 회복탄력성, 용기 그리고 실패를 긍정적으로 받아들이는 법을 배운다면 그 어떤 미래가 오더라도 학생에게 큰 힘이 되지 않을까?

10만 명 이상의 학생들과 함께 작업한 개인적인 경험에 따르면 이 모든 기능을 갖췄을 때 그 외의 모든 가능성이 비로소 열리며 이러한 기능이 없다면 어떤 노력도 훨씬 더 어려워진다. 캘빈 쿨리지(Calvin Coolidge)의 말처럼 나는 이러한 기능이 모든 성공의 기반이 된다고 믿는다.

> 이 세상에서 끈기를 대신할 수 있는 것은 없다. 재능도 아니다. 재능이 있음에도 성공하지 못한 사람은 세상에 널렸다. 천재성도 아니다. 버림받은 천재성이란 말도 있지 않은가? 교육도 아니다. 세상에는 교육받은 낙오자로 가득하다. 오직 끈기와 결단력만이 모든 것을 가능케 한다. '계속 전진하라!'라는 슬로건은 인류의 문제를 해결해 왔으며 앞으로도 그럴 것이다.
>
> 캘빈 쿨리지(Calvin Coolidge)

그러나 사람들은 '인성 기능'이라고 부르는 이러한 기능들은 가르칠 수 없는 것이며 오직 경험을 통해서만 습득할 수 있는 것이라고 말할 수도 있다. 모든 인성 기능이 기존의 지식 전달 방식의 교육과는 잘 맞지 않는다는 것에 전적으로 동의한다. 그러나 그렇다고 해서 이러한 기능들을 전혀 '가르칠' 수 없는 것은 아니다. 지난 38년간 젊은이들이 끈기와 인내심을 키우고, 회복탄력성과 용기를 갖추고, 실패를 긍정적으로 받아들이는 방법을 스스로 찾도록 돕는 데 큰 성과를 거두었다. 하지만 그것은 지식을 주입하는 방식이 아닌 학생들의 내면에서 끌어내는 방식을 적용한 결과였다. 지금부터는 어떤 교사라도 자신의 학생과 함께할 수 있는 연습들을 통해 그 방법을 소개하고자 한다.

교실 활동

인성, 덕목 및 가치

만약 우리가 '인성 기능'을 가르치고자 한다면 먼저 '좋은' 인성이 무엇을 의미하는지 정의해야 한다. 우리가 한 개인의 '인성'이라고 부르는 것은 일련의 덕목과 가치를 행동으로 표현한 것이다. 덕목과 가치는 신념의 체계에 기반한다. 만약 어떤 사람이 정직함을 높은 가치 덕목으로 여긴다면 정직하게 행동하려고 할 것이고 다른 사람들 역시 그 사람을 정직한 사람으로 인식하게 된다.

어떤 교실에서든 다양한 신념을 가진 학생이 존재하기 때문에 교사는 먼저 학생과 함께 공유할 수 있는 바람직한 가치 덕목을 정하는 것이 중요하다. 교사와 학생 모두가 중요하게 생각하는 가치 덕목을 선정하고 이것을 바탕으로 인성 기능을 끌어내는 것이 좋다.

그렇다면 당신이 학생에게 가장 발전시키기를 원하는 인성적 자질은 무엇인가? 이는 곧 학생의 성공을 위해 가장 중요한 가치관을 보여 줄 것이다. 그렇다면 학생 스스로가 가장 중요하게 여기는 가치 덕목은 무엇인가?

이러한 질문을 바탕으로 교실에서 시도해 볼 수 있는 첫 번째 활동은 우리 교실, 학교, 지역 사회, 그리고 다양한 문화적 배경 속에서 가장 높은 가치를 지닌 덕목이 무엇인지 명확히 하는 것이 될 수 있겠다. 즉, 학생에게 "인성의 기초가 되는 덕목은 무엇인가?"라는 질문을 던져 보는 것이다.

전 세계의 다양한 덕목 체계를 살펴봄으로써 학생과 토론을 시작할 수 있으며, 각 학생에게 목록 중 어느 것이든 자신의 상위 열 가지 덕목을 선택하도록 한 다음, 모든 결과를 통합하여 우리 교실만의 상위 열 가지 덕목 목록을 함께 만든다.

동양에서는 유교, 도교, 불교, 힌두교 전통에서 유래한 네 가지 덕목 체계가 문화와 역사에 큰 영향을 끼쳐 왔다. 반면, '서양'에서는 이슬람과 기독교 전통 그리고 그리스 철학자 아리스토텔레스와 플라톤의 덕목 체계가 가장 큰 영향을 끼쳐 왔다.

유교의 덕목

- 자비, 자선, 인간애
- 정직, 올바름
- 지식
- 충성심, 신의
- 예절, 예의, 공손함, 의식, 공경

도교의 덕목

- 자연스러움
- 자발성
- 단순함
- 욕망에서의 초연함
- 무위(無爲, 의도 없는 행동)
- 연민
- 검소함
- 겸손

불교의 덕목

- 너그러움
- 바른 행실
- 집착에서 벗어남
- 지혜
- 끊임없는 노력
- 인내
- 정직
- 결단력
- 선의
- 평정심

힌두교의 덕목

- 진실함
- 헌신
- 정의로움
- 환대
- 조화
- 지식, 지혜
- 근면
- 자연에 대한 존중
- 너그러움
- 비폭력

이슬람교의 덕목

- 자선, 박애
- 용서
- 관용
- 정직
- 친절, 관대함
- 동물에 대한 온정
- 정의
- 약속 이행

기독교의 덕목

- 신중함
- 정의
- 절제
- 용기
- 믿음
- 희망
- 자선

아리스토텔레스의 덕목, 플라톤의 덕목을 포함

- 지혜
- 절제
- 용기
- 정의
- 관대함
- 장엄함
- 아량
- 인내
- 진실함
- 재치
- 친근함
- 수치심
- 정의

이러한 용어 중 일부는 그 의미를 정확히 이해하기 위해 학생이 직접 조사해 볼 필요가 있다. 예를 들어, 장엄함과 수치심은 모두 아리스토텔레스의 덕목으로 간주한다. 어떻게 이런 덕목이 가능할까? 이러한 용어를 어떤 의미로 사용한 것인가?

반에서 합의를 통해 우리 반의 상위 열 가지 덕목 목록을 정했다면 포스터를 만들어 교실 벽에 게시하거나, 인쇄해서 학생이 연습장에 붙이거나, 노트북 배경 화면으로 설정하도록 할 수 있다.

합의된 덕목을 체계적으로 마련한 후 다음 과제는 학생이 자신의 삶에서 덕목을 실천했던(또는 앞으로 실천을 계획 중인) 경험을 찾아 이를 교실 덕목 목록에 사례로 추가하도록 하는 것이다.

> 군자는 자신의 인성에서 뛰어난 면을 발전시키고 소인은 자신의 인성에서 열등한 면이 드러나도록 내버려둔다.
>
> 공자

두 번째 과제는 덕목 목록을 학생이 숙달해야 할 기능으로 전환하는 것이다. 이러한 기능은 덕목 목록을 실천하는 데 도움을 줄 것이다. 합의에 도달하면, 학생이 배워야 하고, 연습해야 하며, 발전시켜야 할 기능들이 정해진 것이다. 나 역시 나만의 인성 기능 목록이 있으며 다음 페이지에서 그것을 가르치는 방법을 소개하려 한다. 아마 당신이 교실에서 정리한 목록에는 적어도 다음 중 일부가 포함될 것이라 짐작한다.

인성 기능

- 집중
- 마음챙김
- 인내와 끈기

- 압박과 스트레스에 대처하기
- 자기 동기 부여
- 회복탄력성
- 잘 실패하기
- 용기

'잘 실패하는 법' 가르치기

만약 내가 다시 교사로 교실에 돌아가거나 현재 새롭게 교직을 시작하는 초임 교사라면 새로 맡은 학급과 함께 이 ATL 프로젝트를 시작할 때 가장 먼저 '실패를 잘 다루는 법'을 가르치고 싶다. 왜냐하면 내게 있어 이 기능은 모든 학습과 모든 인성 발달의 기반이 되기 때문이다. 그 이유는 다음과 같다 (이 내용은 이전 저서 『잘 실패하기의 중요성(Importance of Failing Well)』에서 자세히 다루었지만, 핵심 요점을 요약해 보겠다).

2006년에 교육학 석사 과정을 시작했다. 당시의 연구 주제는 우수한 능력을 갖춘 아이들의 회복탄력성이었으며 지역 고등학교에서 약 100명의 학생을 대상으로 연구를 진행했다. 이 그룹에는 13세부터 18세까지 모든 학년의 학생이 포함되어 있었다. 이 연구는 학생들의 회복탄력성과 학업 성취도 간의 연관성을 조사하는 것이었다(전체 논문은 https://www.taolearn.com/wp-content/uploads/2022/07/article28.pdf에서 확인할 수 있다).

나는 타당성이 입증된 두 가지 방법을 사용하여 학생의 회복탄력성을 측정했으며 그 결과 매우 높은 회복탄력성을 가진 학생부터 매우 무기력한 학생까지 다양한 범위로 나타났음을 발견했다. 그 후, 모든 학생은 학년말 학업 성취도 평가를 치렀고 학업 성취도 결과를 바탕으로 **최고 성취자, 일반 성취자, 성취 미달자** 세 그룹으로 분류되었다.

당시의 내가 참고했던 기존 연구에 따르면 가장 회복탄력성이 높은 학생일 수록 학업 성취가 가장 높아야 한다는 결과들이 많았지만 내가 수행한 연구에서는 그렇지 않았다. 회복탄력성이 뚜렷하게 높은 학생들이 무기력함을 보이는 학생들보다 학업적으로 더 성공하거나 실패할 가능성이 더 높다고 볼 수는 없었다. 즉, 회복탄력성과 학업 성취 사이에 명확한 상관관계는 나타나지 않았다.

그 후, 학업 성취도와 상관관계가 있는 특성이나 행동을 찾기 위해 연구 결과를 더 자세히 분석했다. 먼저 **일반 성취자** 그룹의 데이터를 제외하고 **최고 성취자**(상위 20%)와 **성취 미달자**(하위 20%) 간의 차이에만 집중하여 분석을 진행했다. 이렇게 **일반 성취자** 그룹을 제외하고 상위 20%와 하위 20%만 비교함으로써 회복탄력성과 학생 성취도와의 상관관계가 더 뚜렷하고 명확하게 드러나기를 기대했다.

회복탄력성을 통제 변인으로 제시하여 학업 성취 수준이 높거나 낮은 경우와 관련된 다른 특성을 분석할 수 있었다. 그리고 모든 **최고 성취자** 학생에게 공통으로 나타났지만 모든 **성취 미달자** 학생에게는 나타나지 않은 한 가지 요인을 발견했다. 이는 실패에 대한 서로 다른 반응과 관련된 것이었다.

나는 실패란 '원하는 목표나 의도한 목표를 달성하지 못한 상태 또는 조건'으로 정의했다. 즉, 성공이란 설정한 목표를 달성하는 것이며 실패란 설정한 목표를 달성하지 못하는 것이다.

확인해 보니, **최고 성취자** 학생들은 실패에 대해 다음과 같은 반응을 보였다.

- 실패의 원인을 자신의 노력 부족이나 학습 전략 사용의 부족으로 돌린다.
- 실수에서 배우는 것에 집중한다.
- 적응력이 높고 자신이 도달할 수 있는 최상 수준까지 성취하려 한다.
- 노력, 인내, 체계적인 계획을 통해 실패를 최소화한다.
- 새로운 전략을 시도하고 더 큰 노력을 기울일 준비가 되어 있다.
- 중요한 영역에서 철저한 통제력을 유지한다.

- 명확한 목표 설정과 체계적인 계획 및 노력을 통해 실패를 최소화한다.
- 실패를 일시적이고 특정한 문제로 인식한다.
- 어떤 실패 상황에서도 자신의 행동에 책임을 진다.

이에 비해, **성취 미달자** 학생들이 실패에 대응하는 방식은 다음과 같았다.

- 실패를 부정한다.
- 실패의 원인을 자신의 능력 부족 탓으로 돌린다.
- 실수를 성찰하거나 배우기 위한 뚜렷한 전략을 사용하지 않는다.
- 실패를 경험한 과목이나 과제를 회피한다.
- 실패할 가능성이 있는 상황을 회피한다.
- 자신의 모든 행동이 결국 실패로 이어지며 이를 바꿀 수 없다고 믿는다.
- 자신이 이룬 성공조차 인정하지 않는다.
- 자신의 단점에 집중한다.
- 학습 내용에 대한 흥미를 잃고 단절된다.

나는 첫 번째 실패에 대한 반응을 **잘 실패하기**, 두 번째 반응을 **나쁘게 실패하기**라고 명명했다.

표 4-1 실패를 대하는 반응

잘 실패하기	나쁘게 실패하기
• 실패 인정하기 –통제할 수 있었던 모든 요인에 대한 책임을 짐 –더 잘할 수 있었던 점을 분석함 –변화를 시도하고 필요한 경우 다시 시도하며 반복함 –단, 매번 다르게 시도해 봄	• 학교나 '시스템'을 탓함 • 다른 사람을 탓함 • 실패가 없었던 것처럼 행동함 • 실패를 직면하는 대신 과장된 반응을 보이며 회피함 • 실패할 가능성이 있는 모든 활동을 피함

이 연구에서 가장 중요한 점은 내가 발견한 결과가 100% 유의미했다는 사실이다. 즉, **최고 성취자** 그룹의 모든 학생은 올바르게 실패하는 법을 알고 있었으며 **성취 미달자** 그룹의 모든 학생은 잘못된 방식으로 실패하고 있었다. 이에 따라 나는 잘 실패하는 것과 학업 성공 사이에 인과 관계가 있을 가능성을 떠올리게 되었다. 잘 실패하는 법을 배우는 것이 실제로 학업 성공을 가져올 수도 있다는 생각이었다.

그 후, 이러한 가설을 증명하기 위해 연구를 시작했다. 지난 38년 동안 나는 전 세계 39개국에서 수천 명의 학생, 학부모, 교사와 함께 이 모델을 테스트해 왔으며 전 세계적으로 일관된 결과가 나타났다.

- 잘 실패하는 학생은 학업적·사회적·정서적으로 잘 실패하지 않는 학생보다 훨씬 더 나은 성과를 보인다.
- 잘 실패하는 교사는 더 나은 성과를 보인다.
- 잘 실패하는 학부모도 마찬가지로 더 나은 성과를 얻는다.

잘 실패하는 핵심은 실패를 다시 되짚어 보는 데 있다. 부모와 교사 모두 이 방법을 효과적으로 활용하여 자녀의 학업 성적을 높이고 **최고 성취자** 그룹에 속할 수 있도록 도울 수 있다.

평가 결과를 받은 뒤에 할 수 있는 실천

학생에게 시험이나 과제 결과를 돌려줄 때면 예상보다 낮은 점수를 받은 학생이 생기기 마련이다. 이때 잘 실패하는 법을 가르치고 싶다면 우선 학생이 점수를 확인했을 때 속으로 자신에게 무슨 말을 했는지 떠올려 보게 하는 활동으로 시작할 수 있다. 가능하다면 그 생각을 짝과 공유하게 한다. 그런 다음, 교사는 학생이 자신에게 하고 있는 '자기 제한적 언어(self-limiting language)'를 인식하도록 돕는다. 예를 들면, 다음과 같다.

- 나는 원래 이 과목은 못해.
- 나는 항상 이 과목에서 점수가 안 나와.
- 내가 할 수 있는 건 아무것도 없어.
- 이건 나한테 너무 어려워.

이런 종류의 언어는 캐롤 드웩(Carol Dweck)이 말한 '고정 마인드셋'에 해당하며 실패를 영구적인 상태로 받아들이게 하고 무기력감[1]을 형성한다.

이에 비해, 같은 점수를 받아도 다음과 같은 말로 스스로에게 반응할 수 있도록 유도할 수 있다.

- 왜 이런 결과가 나왔을까?
- 나는 이보다 더 잘할 수 있어.
- 내가 뭘 잘못하고 있는 걸까?
- 무엇을 바꿔야 할까?
- 다음번에는 이렇게 해 봐야겠다.

이런 언어는 '성장 마인드셋'과 연결되며 실패를 일시적이고 변화 가능한 상태로 인식하도록 만든다.

그리고 교사는 나쁘게 실패한 학생은 이러한 상황에서 보통 다음과 같은 반응을 보인다는 점을 알려 줄 수 있다.

- 학교 탓을 한다.
- 교사 탓을 한다.
- 날씨 탓을 한다.
- 스스로를 탓하며 "나는 쓸모없어." 라고 말한다.

반면, 잘 실패하는 법을 배운 학생이라면 평가 결과를 받은 뒤 다음과 같은 반응을 보인다는 점을 알려 줄 수 있다.

- 틀린 문제를 모두 다시 살펴본 후 정답을 찾아 다시 작성한다.
- 왜 그 문제를 틀렸는지 분석하며 오직 자신이 통제 가능한 요인에만 집중한다.
- 다음 평가를 대비해 어떤 부분을 바꾸거나 다르게 해 볼 것인지에 대한 계획을 세운다.

이러한 정서적 기능을 교실 수업에서 지도하기 위해 교사가 할 수 있는 실천은 다음과 같다.

- **평가 이전**
  - 학생 스스로 이번 평가에서의 목표를 설정하도록 안내한다.
- **평가 이후**
  - 잘 실패하는 것과 나쁘게 실패하는 것의 차이에 관해 대화를 나눈다.
  - 학생이 자신의 실수를 다시 살펴보고 원인을 분석하며 그 경험을 학습 기회로 삼을 수 있도록 수업 시간 안에 충분한 기회를 제공한다.

실수를 다시 분석하고 정리하는 시간을 숙제가 아닌 수업 시간에 마련하는 것은 학생에게 "우리 교실에서는 실패를 통해 배우는 것이 정말 중요하다."라는 것을 알려 주는 것이다. 이러한 수업 방식은 모든 평가 결과가 세 가지 중 하나로 나뉠 수 있다는 인식을 학생에게 분명히 심어 준다. 그 세 가지는 '처음부터 정답을 맞힌 경우' '잘 실패한 경우' 그리고 '나쁘게 실패하는 경우'이다. 이 중 앞의 두 가지는 긍정적인 결과로 간주할 수 있다.

모든 학생에게 잘 실패하는 법을 가르친 후에 나는 성공적인 학습을 뒷받침하는 가장 중요한 인성 기능에 집중하도록 유도했다. 그중 첫 번째로 다룰 수 있는 것이 바로 집중하는 법을 배우는 것이다. 학교 교육에서 집중하는 방법을 거의 가르치지 않는다는 점은 꽤 흥미롭다. 대개 모든 사람은 당연히 집중할 수 있는 존재라고 여겨지며 개인적인 집중력 차이는 단순히 성격 때문이라고 치부되곤 한다.

그동안의 연구에 따르면 대부분의 학생은 필요할 때 자기 마음을 집중하는 방법을 배우고 더 의식적으로 집중하는 연습을 하는 것만으로도 큰 도움을 받을 수 있다. 다음에 이어질 열 가지 주제에 담긴 아이디어와 자료가 도움이 되기를 바란다.

마음챙김

존 카밧진(John Kabat-Zinn)은 마음챙김이라는 개념을 명확하게 제시한 인물로 알려져 있다. 유튜브에서 마음챙김에 대해 설명하는 짧은 인터뷰를 찾아볼 수 있다.[2]

마음챙김 개념을 설명하고 도움이 되는 방법을 제공하는 다양한 웹사이트가 있다. 이 책 뒷부분의 참고문헌에는 초등학생을 대상으로 한 마음챙김 교육에 활용할 수 있는 유용한 아이디어가 담긴 두 개의 웹사이트가 수록되어 있다.[3 4]

또한 The Mindfulness Institute의 웹사이트에는 유치원부터 고등학교(K-12) 교육에 마음챙김을 통합하는 데 유용한 자료가 다수 정리되어 있다.[5]

집중력과 주의력 연습하기

가장 간단한 집중력 연습 중 하나는 짝 맞추기 카드 게임이다. 모든 카드를 뒤집어 놓고 한 번에 두 장씩 뒤집어 가며 같은 그림이나 숫자를 맞추는 방식으로 진행된다. 이 게임의 디지털 버전은 teach-nology.com에서 찾아볼 수 있다.[6]

그레고리 미첼(Gregory Mitchell)은 Trans4mind.com에서 집중력을 향상시

키기 위한 훌륭한 연습법들을 소개하고 있다.[7] 이 연습 활동은 어떤 사물, 개념 또는 아이디어를 깊이 숙고하고 의식적으로 마음을 집중하는 것과 관련이 있다. 그레고리 미첼은 이를 '다섯 가지 길' 또는 '분석적 경로'라고 부르며 이를 통해 우리의 사고가 특정 주제에 집중하도록 유도한다.

- 분류: 이것은 어떤 집단에 속하는가? 그 집단은 어떤 상위 집단에 속하는가?
- 예시: 이와 비슷한 다른 예시는 무엇인가?
- 구성: 어떤 부분들로 나눌 수 있는가?
- 특성: 외형, 감각, 기능, 용도는 무엇이며 이는 어떻게 나타나는가?
- 연결: 이것과 연관된 것은 무엇인가?

Luminosity는 어린이들이 집중력을 비롯한 다양한 인지 기능을 익힐 수 있도록 돕는 상호작용형 게임 기반 연습을 제공하는 웹사이트이다.[8] Luminosity는 유료 사이트이지만 가장 기본적인 연습 활동은 무료로 이용할 수 있다.

TeachStarter에는 교실에서 학생의 집중력을 기르는 데 도움이 되는 실용적인 제안들이 소개되어 있다.[9]

또한, 연극 수업에서 주로 사용되는 다양한 게임 역시 훌륭하고 효과적인 집중력 향상 활동이다. 모든 예술 영역이 학령기 아동의 인지 능력 발달에 미치는 긍정적인 영향을 보여 주는 연구가 많다(Dana Foundation[10] 참조).

평정심 기르기

이 과정은 보통 명상과 함께 다루어지며 한 활동이 다른 활동을 끌어내는 경우가 많다. 때로 명상은 경청을 통해 직접적으로 정신적 고요를 유도하고, 때로는 하나의 문구나 만트라*를 반복하며 더 간접적으로 정신적 평온과 고요함을 만들어 낸다. 이 과정은 매우 간단하며 아이들도 그 의미를 이해한다면 나이에 상관없이 즐겁게 참여할 수 있다.

Learn to Meditate에서는 훌륭한 명상 가이드와 다양한 명상법에 대한 설명을 제공하며 아동과 성인 모두를 위한 예시도 포함되어 있다.[11] 불교 관련 웹사이트 How to Meditate에는 명상 방법을 설명하는 훌륭한 동영상이 있다.[12] 이 동영상들은 인터랙티브 화이트보드(전자 칠판)를 통해 교실에서 바로 재생할 수 있으며 영상으로 명상 수업을 진행할 수 있다.

만트라 명상은 보다 깊은 수준의 정신적 고요함을 유도하는 데 효과적이다. 이 명상은 의미 없는 소리에 집중함으로써 뇌가 그 소리와 아무런 연결을 형성하지 않도록 하여 내면적으로 집중하는 상태를 유도한다. 이 과정을 통해 개인에게 아무 의미가 없는 대상에 집중하는 방식의 훈련이 이루어지며 그 결과 마음의 스트레스를 효과적으로 해소할 수 있다. 관련 실습 자료는 Mindvalley에서 확인할 수 있다.[13]

끈기

나는 인내를 가르칠 수 있다고 생각하지 않는다. 다만, 그것을 보여 줄 수 있을 뿐이다. 인내란 멈추지 않고 끝까지 해내는 것이다. 따라서 인내를 기법 측면에서 배울 것이 그다지 많지 않다. 결국, 인내란 그만두고 싶을 때 어떻게 스스로 그만두지 않게 만들 수 있느냐에 관한 것이다.

끈기의 개념은 교실에서 훌륭한 토론 주제가 될 수 있으며 각 분야에서 많은 예시를 찾아볼 수 있다. 용감한 사람들의 이야기는 대부분 인내와 관련이 깊으므로 이 주제를 통해 교사는 실제와 신화 속의 위대한 영웅들을 소개할 수 있다.

* 만트라(mantra)는 산스크리트어에서 유래된 용어로 마음(mind)을 뜻하는 만(man)과 도구(tool)를 뜻하는 트라(tra)의 결합어이다. 즉, 마음의 도구라는 의미로 정신을 집중하거나 내면의 평화를 찾기 위한 반복적인 구절 또는 신념의 말로 사용된다.

학생이 어떻게 스스로 계속 나아가도록 하는지 혹은 정말 그만두고 싶은 순간에도 어떻게 그만두지 않는지 생각해 보라고 지도한다. 끈기는 교사가 주의 깊게 관찰하고 칭찬해야 할 중요한 덕목이다. 학생이 끈기 있게 노력하는 모습을 가장 중요한 목표로 설정하면 교실 분위기 자체도 더욱 끈기 있게 변할 것이다. 또한 끈기를 키우는 마음가짐은 성공과 실패에 대한 자기 생각을 어떻게 해석하느냐에 달려 있다(p. 85의 귀인 재훈련 참조).

만족 지연 실행하기

이 기능을 연습하는 것은 보상 일정을 설정하는 것만큼 단순할 수 있다. 하지만 먼저 1995년 ASCD 콘퍼런스 후 진행된 알피 콘(Alfie Kohn)의 인터뷰에서 '보상으로 처벌하기'에 대한 견해를 읽어 보자.[14] "우리가 원하는 것은 아이들에게 보상을 주는 것이 아니라 아이들이 자기 스스로 보상하는 법을 배우는 것이다."

그런 다음, 학생에게 '마시멜로 실험'에 대해 말해 줄 수 있다.

마시멜로 실험

1960년대에 스탠퍼드 대학의 심리학자였던 월터 미셸(Walter Mischel)은 지역 어린이집의 4세 아이들을 대상으로 실험을 진행했다. 미셸은 이 아이들과 성인 연구자 간의 인터뷰를 한 명씩 돌아가며 진행했다. 연구자는 각 아이에게 간단히 대답할 수 있는 질문 몇 가지를 하고 아이가 답을 끝내면 주머니에서 마시멜로를 꺼내 아이 앞에 놓고 보상으로 주었다. 이어서 아이들에게 원하면 바로 먹어도 되지만 잠시 자리를 비울 동안 먹지 않으면 돌아와서 마시멜로를 하나 더 줄 것이라고 말했다. 만약 마시멜로를 먹었다면 그 아이는 더 이상 마시멜로를 받을 수 없었다.

이후 연구자는 아이를 방에 혼자 남겨 두고 자리를 떠났다. 아이 한 명과 마시멜로 하나만을 남겨 두고 말이다. 그리고 중요한 점은 연구자가 단 몇 분이 아니라 오랜 시간(최대 20분) 자리를 비웠다는 것이다. 아이들은 눈치채지 못했지만, 그동안 심리학자들이 거울 유리 뒤에서 관찰하고 있었다.

물론, 일부 아이들은 마시멜로를 바로 먹었지만 다른 아이들은 먹지 않았다. 그중 일부는 마시멜로를 먹지 않기 위해 자기 자신에게 엄격하게 말하거나, 손으로 두 눈을 가리거나, 탁자 밑이나 방구석에 숨기도 했다. 첫 번째 마시멜로를 먹지 않기 위해 아이들은 할 수 있는 모든 일을 했다. 이후 실험실로 돌아와서 마시멜로가 없는 아이는 나가도록 하고 마시멜로가 그대로 남아 있는 아이에게는 마시멜로를 하나 더 주었다.

결국 마시멜로를 먹은 집단과 먹지 않고 참은 집단, 두 집단으로 나뉘었다.

이후 수년 동안 두 집단을 추적 관찰하고 가능한 모든 방법으로 시험하여 두 집단 간의 차이를 비교했다. 그 결과는 매우 의미 있었다. 아이들이 성장하면서 먹지 않고 참았던 집단이 시험할 수 있었던 모든 방면에서 더 나은 성과를 보였기 때문이다. 먹지 않고 참았던 집단의 아이들은 학업 성적도 더 뛰어났고(30% 더 높은 시험 결과를 냄), 집중하고 학습하는 능력도 더 뛰어났으며, 목표를 설정하고 이를 달성하는 것도 더 능숙했다. 또한 도전 과제를 더 잘 처리하고, 자립적이고 자신감 있으며, 신뢰할 수 있고 의존할 수 있었으며, 주도적으로 행동했고, 스트레스에 덜 취약하고, 후퇴하지 않고 어려움에 부딪혔을 때 포기하지 않는 등 사회적으로도 더 뛰어났다.

이후에 이 두 집단에 대한 조사가 다시 이루어졌고 측정 결과 마시멜로를 먹지 않고 참았던 집단이 일반적으로 삶에서 훨씬 더 성공적이었으며, 훨씬 더 행복하고, 평균적으로 두 배에 해당하는 소득을 더 올린 것으로 나타났다.

학생에게 전달해야 할 요점은 자기 자신의 성공을 만들어 낼 수 있는 능력을 측정하는 가장 좋은 방법 중 하나가 바로 과제 수행을 위해 즐거움을 미룰 수 있는지 여부라는 점이다. 즐거움을 부정하는 것이 아니라 일을 끝내기 위해 즐거움을 미루는 것이 중요하다. 이것을 만족 지연이라고 부른다.

만족 지연은 누구나 연습할 수 있다. 학생에게 자신이 평소에 즐기는 활동을 그날 밤 숙제를 끝낸 후의 보상으로 계획하라고 해 보자. 어차피 하려고 했던 즐거운 활동이라도 그것을 숙제를 마친 후로 미룰 수 있는지 시도해 보라고 말이다.

다음날, 학생은 만족 지연 연습에서 얻은 성과를 스스로 되돌아볼 수 있으며 자신의 현재 기능 수준에서 바꾸거나 개선해야 할 필요성을 성찰할 수 있다.

불안 줄이기

학생이 시험, 평가, 무대 공연 등에서 불안을 줄이는 데 도움이 되는 많은 유용한 기법을 배울 수 있다. 널리 알려진 방법 중의 하나가 '앵커링(anchoring)'이라는 신경 언어 프로그래밍(Neuro-Linguistic Programming: NLP) 과정이다. 앵커링은 감각-운동 연결을 반복하여 뇌의 서로 다른 영역 간에 연결을 형성하는 방법이다. 예를 들어, 운전 중이라고 가정할 때 백미러에서 깜박이는 경찰차 불빛을 본다면 그 순간 어떤 느낌이 들겠는가? 아무 잘못도 하지 않았는데도 죄책감이 드는가? 이것이 바로 '앵커링'이다. 운전자의 마음속에서 감각적 자극(파란색 빨간색으로 깜박이는 불빛)과 감정 시스템(죄책감을 느끼게 하는 감정) 사이에 연결 고리가 형성된 것이다. 하나가 다른 하나를 유발한 것이다.[15]

가장 간단한 불안 감소 활동을 소개하면 다음과 같다. 참고로, 나는 이 기법을 6세부터 60세까지의 학생들에게 성공적으로 사용한 경험이 있다.

- 학생과 불안에 관해 대화를 나누고 불안한 것이 무엇이고, 어떻게 알아차릴 수 있는지, 언제 불안을 느끼는지 토론해 본다.
- 시험, 평가, 무대 공연 등에서 불안이 어떻게 수행 능력에 영향을 미치는지 불안과 성취 저하 간의 연결 고리를 만들어 본다.
- 다음의 예와 같이 '앵커링'에 대해 이야기한다.

"오늘 우리는 '앵커링'이라는 기법을 사용하여 특정 신체 동작과 감정 상태 사이에 연결 고리를 형성하는 연습을 할 것입니다. 여러분은 이미 많은 앵커를 형성한 상태입니다. 예를 들어, 제가 이 교실의 책상을 한 줄로 쭉 배치했다면 교실에 들어왔을 때 어떤 느낌이 들까요? 혹은 책상 없이 모두 원형으로 배치되어 있다면 어떤 느낌이 들까요?

이해되나요? 외부적인 요인은 감정과 연결될 수 있습니다.

시험을 볼 때나 무대에 설 때 어떤 기분을 느끼고 싶나요? 어떤 감정인가요? '자신감'일까요?

오늘 우리가 할 일은 뇌에서 자신감을 만들어 내는 뉴런과 특정한 신체적 행동 사이에 연결 고리를 형성하는 것입니다. 우리는 감정과 움직임을 연결하는 완전한 운동 감각적 연결을 만들 것입니다.

그래서 오늘 여러분이 만들어 낼 감정은 '자신감'입니다. 그리고 이 감정과 연결될 '앵커'는 제가 신호를 줄 때 손가락을 움켜쥐고 '주먹을 불끈 쥐며 환호하는' 동작을 취하는 것입니다."

- 학생들에게 자신의 삶에서 자신감을 느꼈던 순간을 실제 경험이나 상상을 통해 떠올려 보도록 한다. 예를 들어, 골을 넣었을 때, 상을 받았을 때, 무대에서 공연했을 때, 자전거, 스케이트 또는 스키를 배웠을 때와 같은 순간을 생각해 보게 한다.

- 눈을 감고 책상에 머리를 기댄 채 긴장을 풀게 한다. 그런 다음, 다음의 심상 유도 문구를 매우 천천히 읽는다(『MYP 학습 접근 방법 학생용 워크북』에서 발췌).

"우선 편안한 자세를 취합니다. 깊게 숨을 들이쉬고 등과 목을 이완하여 온몸을 편안하게 하세요.

이제 가장 먼저 머릿속에 커다란 빈 TV 화면을 떠올려 보세요. 아직 전원이 켜지지 않았고 화면에는 아무것도 없습니다.

이제 TV를 켜세요. 화면에 처음 나타나는 장면은 여러분이 자신감을 느끼고 있는 순간입니다. 기분이 최고인 순간이죠. 그 순간은 과거의 실제 경험일 수도 있고 상상 속의 장면일 수도 있습니다. 어느 것이든 상관없습니다. 이제 TV 화면 속의 자신을 보세요. 그 순간을 느끼고 있는 여러분을 바라보세요. 그리고 잠시 그 장면을 멈추고 화면을 고정하세요. 자신감이 넘치는 그 순간, 여러분은 어디에 있나요? 실내인가요 아니면 야외인가요? 다른 사람들과 함께 있나요 아니면 혼자 있나요? 화면의 배경과 전경을 자세히 채워 넣어 보세요. 그리고 화면 속에 어떤 색이 있는지 살펴보세요. 이제 색상 조절 기능을 사용해 모든 색을 더욱 밝고 선명하게 해 보세요. 이제 소리를 키우세요. 자신감이 넘치는 그 순간, 어떤 소리가 들리나요? 그리고 그 순간, 스스로에게 어떤 말을 하고 있나요? 이제 몸을 움직여 화면 가까이 다가가 보세요. 화면 속 장면이 점점 커지고 있습니다. 더 가까이 다가가세요. 장면이 더욱 커지고 있습니다. 자신감이 가득 차오르는 느낌을 온전히 느껴 보세요. 그 자신감이 여러분 안에서 강하게 솟아오르면 한 손을 꽉 움켜쥐어 주먹을 쥐세요. 그 자신감의 감정을 손에 꽉 쥐고 고정하세요. …… 이제 손을 다시 편안하게 펴고 손을 쫙 펼쳐 주세요. 천천히 그 감정을 놓아 주고 눈을 뜨세요. 이제 방으로 돌아와 기지개하며 몸을 스트레칭하세요. 다시 돌아온 걸 환영합니다!"

이 기법을 하루에 한 번씩 약 3주 동안 연습하면 감정 상태와 신체적 행동 사이에 반영구적인 연결이 형성된다. 그렇게 되면 '앵커'를 작동시키는 것만으로도 내재된 감정을 다시 불러일으킬 수 있게 된다.

자기 동기 부여

앞의 글에서 알피 콘이 강조했듯이 누구도 다른 사람을 본인만큼 동기 부여할 수는 없다. 진정한 동기 부여는 자기 동기 부여이다. 교사로서 우리가 할 수 있는 최선은 우리가 어느 정도 영향을 미칠 수 있는 변수들을 조정하여 자기 동기 부여가 자연스럽게 일어나도록 돕는 것이다.

가장 강한 자기 동기 부여는 자율성, 숙달, 목적이라는 세 가지 요소가 존재할 때 나타나는 것으로 보인다. 이와 관련하여 내적 동기와 외적 동기를 다룬 훌륭한 댄 핑크(Dan Pink)의 TED 강연을 참고할 수 있다.[16]

자율성

학생에게 학습에 대한 주도권을 부여하고 스스로 정보를 찾으며 자신만의 이해와 적용 방식을 만들어 갈 수 있도록 책임감을 심어 주는 것이다. 시험을 위한 공부는 자율성을 길러 주지 않는다. 학생이 교실에서 독립적인 학습(자율 학습, 자기 주도 학습, 자기 관리 학습)을 실천해야만 그 능력을 향상시킬 수 있다. 그렇다면 주요 질문은 다음과 같다. 현재 선생님의 수업 중 체계적으로 설계되고, 적절한 비계가 이루어져 있으며, 학생이 완전히 독립적으로 학습할 기회를 제공하는 수업은 얼마나 되는가? 만약 학생이 독립적이고 자율적인 학습을 수행하는 데 필요한 기능과 책임감을 갖췄다면 교사는 이를 실현할 수 있도록 적절한 구조를 마련하고 있는가?

숙달

특정한 기능에서 높은 수준의 능숙함을 달성하는 것을 의미한다. 여기서 말하는 기능은 효과적인 학습 기능이다. 교사가 모든 ATL 인지적·정서적·메타인지적 기능을 가르친다면 학생은 기능 중심의 도전 과제를 수행하게 되며, 이를 스스로 평가할 수 있다. ATL 기능을 향상시키면 모든 학습의 효율성과 효과성이 높아지며 이를 통해 학교 과목 학습에 대한 자신감과 자기 동기 부여가 더욱 강화될 수 있다. 이 접근법은 교사가 교실에서 내용(학생이 '무엇'을 배우는지)과 과정(학생이 '어떻게' 배우는지) 두 가지에 집중해야 함을 요구한다. 또한 학습 과정의 향상, 즉 ATL 기능의 숙달은 모든 수업의 중요한 목표로 인식해야 한다.

목적

'왜'라는 질문에 답하는 것을 의미한다. 나는 이것을 왜 배우는가? 목적을 발전시키는 한 가지 방법은 학습의 관련성을 높이는 것이다. 즉, 가르치는 주제를 현실 세계의 상황, 문제 또는 사건과 연결하여 오늘날의 세계와 관련성을 갖도록 만드는 것이다. 또 다른 방법은 과제, 주제 또는 과목의 전체적인 목표를 살펴보는 것이다. 예를 들어, 학생이 원하는 자격을 취득하여 추가적인 교육을 받을 수 있도록 돕거나 궁극적으로는 희망하는 직업이나 진로를 얻을 수 있도록 지원하는 것이다. 세 번째 방법은 내적 동기 요인의 관점에서 목적을 바라보는 것이다.

- 만족감을 느끼고 스스로 자랑스러워하기
- 자신을 시험해 보고 자신의 능력을 확인하기
- 지금까지의 향상도를 측정하기
- 삶에서 유용하게 쓰일 지식과 기능을 습득하기
- 지능을 개발하고 향상시키기

- 집중력, 결단력, 그리고 노력을 기울이는 법 연습하기

이러한 내적 동기 요인들은 다른 정서적 ATL 기능 발달과도 연결된다.

귀인 재훈련

귀인 재훈련(attribution retraining)과 학교 교육에서의 적용 가능성을 설명하는 좋은 글은 National College Transition Network에서 찾아볼 수 있다.[17]

기본적으로 목표를 설정했지만 달성하지 못했을 경우 아마도 그 실패의 원인을 어떤 것에 귀인하게 된다는 것이다. 특정한 실패의 원인을 자신이 통제할 수 없는 요인(예: 교사, 학교, 날씨 등)으로 귀인한다면 그 상황이 미래에 변화하거나 개선될 수 있다고 생각하기 어려울 것이다. 그리고 결국 스스로 개선할 수 없다는 무력감을 느끼게 될 수도 있다. 그러나 반대로 실패의 원인을 자신이 어느 정도 영향을 미치거나 통제할 수 있는 요인(예: 들인 노력의 정도, 사용한 전략, 그 전략의 효과성 등)으로 귀인한다면 성과를 향상시키기 위한 구체적인 조치를 취할 의욕이 훨씬 더 커지게 된다.

귀인의 세 가지 차원은 다음과 같다.

- 위치: 그 원인이 내적 요인에 있는가,외적 요인에 있는가?
- 안정성: 그 원인은 고정되고 안정적인가 아니면 변화 가능한가?
- 통제 가능성: 그 원인에 대해 영향을 미치거나 통제할 수 있는가?

귀인 재훈련은 훈련된 심리학자가 지도하는 개입 방법으로 효과가 나타나는 데 시간이 걸릴 수 있다. 그러나 이 방법은 아동의 동기 부여 문제, 특히 인지된 실패와 관련된 문제를 해결하는 데 매우 효과적인 것으로 밝혀졌다.

교사도 학생에게 학업적 과제에서 성공과 실패의 원인을 설명하게 함으로

써 같은 문제를 다룰 수 있다. 이후, 학생이 그 원인을 위치, 안정성, 통제 가능성의 관점에서 분석할 수 있도록 돕는다.

학생이 찾아야 할 것은 성공과 실패의 원인이 자신의 내부에 있으며 변경 가능하고 통제할 수 있는 요인이라는 점이다. 그리고 교사는 이러한 원인에 대해 구체적인 행동을 취할 수 있도록 돕는 것이 중요하다. 이 기준을 충족하는 학업적 성공의 가장 좋은 원인은 자신이 들인 노력과 사용한 학습 전략이다. 노력과 전략 사용은 모두 내적인 요인이며 변경 가능하고 통제할 수 있는 것들이다. 학생은 언제든지 더 큰 노력을 기울이거나 사용 중인 전략을 변경할 수 있다.

학생은 학업 실패의 원인을 자신이 통제할 수 없는 외부 요인(예: 학교, 교사, 과목, 다른 학생)이나 변경이 불가능하다고 인식하는 고정된 속성(예: '타고난' 능력, 지능, 재능)으로 돌리는 것은 선택지에 포함되지 않는다는 사실을 인식해야 한다. 성과를 변화시키려면 먼저 그 성과가 변할 수 있고 그렇게 할 수 있다고 믿어야 한다.

만약 누군가가 자신의 과제 결과에 대해 어느 정도 통제할 수 있다고 믿는다면 더욱 끈기 있게 노력하고, 실수에서 배우며, 원하는 결과를 얻기 위한 행동을 취할 가능성이 더 높아질 것이다.

회복탄력성

회복탄력성을 지닌 학습자는 〈표 4-2〉와 같은 특징을 가지고 있다.

표 4-2 회복탄력성을 지닌 학습자의 특성

	회복탄력성이 있는 학생	무력감에 빠진 학생
목표	학습 목표 설정: 이해하기 위한 학습	성과 목표 설정: 최고의 성적을 받기 위한 학습
과제	자신을 시험하기 위해 숙달을 목표로 새로운 과제를 맡아 이행함	인정을 받거나 비난을 피하고자 새로운 과제를 이행함
도전	적극적으로 새로운 도전을 찾아 나섬	모든 새로운 도전을 피함
성공을 이루기 위해	노력이 능력보다 더 중요하다고 믿음	능력이 노력보다 더 중요하다고 믿음
실패를 대하는 반응	잘 실패하기: 책임을 지고, 과정을 분석하고, 변화를 주며, 다시 시도함	나쁘게 실패하기: 책임을 지지 않고, 다른 사람이나 '시스템'을 탓하며, 같은 과정을 반복하거나 더 적게 시도하고 포기함
성공을 대하는 반응	자기 자신에게 귀인함	다른 사람에게 귀인함
지능을 보는 관점	지능은 유연하고 개발 및 향상시킬 수 있다고 믿음	지능은 고정되어 있으며 바꿀 수 없고 한계가 있다고 믿음
성과	최고 성취자	성취 미달자
통제의 소재	내부	외부
미래의 기대	낙관적	비관적

학생의 회복탄력성을 개발하기 위해 교사는 다음과 같은 방법을 사용할 수 있다.

- 결과, 점수나 성적보다는 학습의 의미에 집중하게 한다.

- 시험을 위한 교육을 피하고 이해를 위한 교육을 한다.
- 학생이 아직 이해하지 못한 내용을 스스로 질문하게 하여 학습 내용을 정기적으로 성찰하는 시간을 갖도록 한다.
- 외부 보상을 없애고 기능과 과목을 숙달하기 위한 학습을 장려한다.
- 학생 개개인의 학업 성장을 개인적인 목표로 삼고 오직 자기 자신과 비교하여 평가하도록 한다.
- 학습이 그 자체로 목적이 되도록 돕는다. 자기 능력을 확장시키고 각자 무엇을 할 수 있는지 알아보기 위해 그 자체로 가치 있는 활동이 되게 하는 것이다.
- 효과적인 학습은 학습 기능을 잘 활용하는 것을 전제로 하며 모든 ATL 기능을 완전히 익히는 것을 목표로 삼게 한다.
- 도전 학습을 장려한다. 높은 기준을 설정하고 그것을 유지한다. 각 학생이 감당할 수 있는 도전 수준을 잘 인식하고 모든 학생을 그 수준까지 끌어올린다.
- 교실에서 사용하는 모든 인정 및 보상 피드백 시스템을 활용하여 학생이 더 큰 노력을 기울이도록 한다. 노력에 대한 점수를 주고 이를 중요하게 만든다.
- 성적을 부여하지 않는 형성 평가를 사용하여 학생이 해당 과목 내에서 의미를 구성하는 과정에 집중하도록 한다. 성취한 성적이 아니라 노력을 기준으로 평가한다.
- '잘 실패하는 법'을 가르친다. 실패를 좋은 피드백으로 인정한다. 실패에 대해 분석하고, 과정의 결함을 찾아내도록 장려한 후, 학생이 더 효과적인 과정을 개발하고 다시 시도하도록 돕는다. 이것이 바로 잘 실패하는 핵심이다. 실패를 되짚어 보고, 변화를 주고, 다시 도전하는 것이다.
- 평가 후에는 학생이 틀린 문제의 답을 되짚어 올바른 답을 찾고 첫 번째 시도에서 어디에서 잘못되었는지 이해할 때까지 반복하게 한다. 그런 다

음 같은 유형의 문제를 더 풀어 보며 같은 실수를 반복하지 않도록 배울 때까지 계속 연습하게 한다.

- 유연하고 다면적이며 변화·발전·개선에 열려 있는 지능 모델을 개발한다. IQ와 같은 고정된 지능 개념은 제거한다.
- 학습에 실패했을 때 학생이 통제할 수 있는 것, 즉 노력과 전략 사용에 초점을 맞춘다.
- 모든 학생이 새로운 내용을 학습할 때 활용 가능한 다양한 학습 전략을 가졌는지 확인한다.
- 도전 정신을 요구하는 상황에서 낙관적인 미래를 계획하고 긍정적인 사고 전략을 개발하도록 장려한다.

이 주제에 대한 전체 논문은 참고문헌에 나와 있는 나의 석사 학위 논문[18]을 참고할 수 있다.

시각화, 인지적 매핑, 전이

대부분의 수업에서처럼 학생의 인성 기능을 개발하기 위해 사용할 수 있는 다양한 교수법이 있다. 내가 아는 두 가지 최고의 방법은 경험을 통한 교수법과 명시적 교수법이다. 경험을 통한 교수법은 학생의 정서적 기능을 관찰하고 강화시킬 수 있는 도전적인 경험을 제공하고 이를 통해 실제로 배우는 방법이다. 교실 환경에서 각 기능을 탐구하고 분석하며 시연하고 그 기능을 세분화하여 계획적으로 가르치고 반복해서 연습하는 방법이다. 하지만 모든 정서적·인성 기능의 기저에는 감정적 연결이 있으며 교사는 이를 잘 인식하고 존중해야 한다.

모든 인성 기능의 감정적 기저 때문에 교사가 학생에게 회복탄력성, 용기, 자기 동기 부여, 끈기를 어떻게 가져야 하는지 직접적으로 말하는 것은 적절하지 않다고 본다. 오히려 학생이 이미 그 모든 것을 할 수 있다는 사실을 인식하도록 돕는 것이 더 적절하다. 모든 학생은 이러한 인성 기능을 늘 발휘하고 있지만 학교에서의 학습 상황에서는 항상 그렇지 않을 수 있다.

교사가 할 수 있는 한 가지 방법은 학생이 이러한 기능을 발휘할 때 그것을 인식하도록 돕고 그때 어떻게 그런 행동을 할 수 있었는지 생각해 보도록 유도하는 것이다. 그런 다음, 인지적 매핑과 전략 전이를 통해 학생이 그 같은 기능을 연습하도록 유도한다. 예를 들어, 축구 경기장에서 보여 준 끈기와 결단력을 수학 과제를 할 때도 활용할 수 있도록 하는 것이다.

방법은 다음과 같다.

이 연습은 '끄집어내기'라고 부르며, 집중력, 회복탄력성, 끈기, 용기, 자기 동기 부여, 압박과 스트레스 대처와 같은 많은 인성 기능에 사용할 수 있다. 아마도 가장 강력하고 유용한 연습이지만 제대로 수행하기 가장 어려운 연습일 수 있다.

① 학생들이 집중하길 원하는 특정 인성 기능을 선택한다. 여기서는 집중력을 예로 들겠지만 다음의 '교수' 전략은 다른 대부분의 인성 기능에도 똑같이 적용될 수 있다.
② 수업에서 이 기능의 매개변수에 대해 분석적인 토론을 시작해 보자.
- 집중이란 무엇인가?
- 집중에는 어떤 특징이 있는가?
- 내가 집중을 잘했던 순간은 언제인가?
- 내가 집중하고 있다는 것을 어떻게 알 수 있는가?
- 다른 사람이 집중을 잘하고 있는지 어떻게 알 수 있는가?
- 집중을 객관적으로 측정할 수 있는 방법은 무엇인가?

학생들이 집중력 기능 수행을 인식하고 집중력을 측정하는 방법에 대해 명확히 합의할 수 있도록 유도한다.

③ 학생들을 다음의 5단계를 통해 안내한다(모든 나이대의 학생에게, 어떤 인성 기능이든 적용할 수 있다). 단계마다 적정 시간 동안 잠시 생각해 보도록 한다.

ⓐ 집중이 잘 되었던 경험(예: 끈기 있게 버틴 일, 화를 잘 조절한 순간, 긍정적으로 생각한 일, 회복탄력성을 발휘한 일 등)을 한 가지 떠올려 보세요.

ⓑ 눈을 감고 그 장면을 자세히 떠올려 보세요. 그 순간 이전에 어떤 일이 있었는지, 그 순간에는 어떤 일이 벌어졌는지 그리고 그 이후에는 어떤 일이 있었는지를 떠올려 보세요. 그때 보였던 것들, 들렸던 소리들, 느꼈던 감정들을 세밀하게 인식해 보세요.

ⓒ 집중하고 있었던 바로 그 순간, 머릿속에서 어떤 생각이 오갔는지를 살펴보세요. 자신에게 어떤 말을 건넸는지, 어떤 장면을 상상했는지, 또 다른 무엇이 함께 작용하고 있었는지를 관찰해 보세요.

ⓓ 눈을 뜨고 앞에서 떠올린 경험들을 구체적이고 정확하며 분석적인 글로 정리해 보세요.

ⓔ 이렇게 자신이 한 번이라도 성공적으로 집중했던 방식이 무엇인지 파악한 뒤 다음에 같은 기능을 발휘해야 할 상황에서 그때의 행동과 생각을 의도적으로 실천해 보세요.

④ 과목에 대한 특정 인성 기능을 연습할 수 있는 과제를 주어 그 기능을 실제로 적용할 수 있도록 한다.

⑤ 그 기능에 대한 자신의 역량을 성찰하도록 한다.

제5장

자기 인식을 위한 메타인지적 ATL 기능 가르치기

(이 장에 포함된 모든 연습 문제와 250개 이상의 ATL 기능 연습 활동은『MYP 학습 접근 방법 학생용 워크북』및『DP 학습 접근 방법 학생용 워크북』에서 확인할 수 있다. 해당 워크북은 www.atlskills.com에서 제공되며, 자세한 내용은 lance@taolearn.com으로 이메일을 통해 문의할 수 있다.)

메타인지는 쉽게 '생각에 대한 생각'으로 정의되며 따라서 '메타인지 기능'은 자신의 학습과 사고 과정을 인식하고 조절하는 능력을 향상시키는 방법이나 전략(기능)을 의미한다.

메타인지는 지식과 수행이라는 두 가지 요소로 구성되며 이 중 메타인지적 지식은 특히 학습이 잘 이루어지고 있을 때 자신이 어떻게 학습하고 있는지를 자각하는 것을 포함한다. 학생이 성공적인 학습을 위해 사용하는 사고와 학습 전략, 기법, 기능이 무엇인지 스스로 관찰하는 것이다. 메타인지적 수행은 학생이 학습 성과를 향상하기 위해 해당 지식을 사용하고, 자신의 과정과 전략의 효과를 모니터링하고, 비효율적인 전략은 변경하고, 새로운 기법을 시도하고, 새로운 기능을 배우며, 피드백을 수집하고, 이 모든 과정을 반복하는 것이다.

메타인지 기능 개발의 목표는 사고와 학습의 효율성과 효과를 향상시키는 데 있다. 그 목표는 학생이 현재와 미래의 교육, 직업, 경력 및 비즈니스 전반에서 필요한 정신적 예리함을 기를 수 있도록 돕는 데 있다. 이를 통해 학생이 스스로 정의하는 성공을 이루도록 지원하는 것을 지향한다.

그렇다면 포스트 코로나 시대와 AI로 강화된 디지털 세계에서 성공하기 위해 필요한 핵심 메타인지 기능은 무엇이라고 생각하는가? 이에 대한 답을 찾기 전에 우리가 가르치는 학생 대부분이 살아가게 될 미래의 직업 환경이 어떨지 먼저 생각해 보아야 한다.

2018년, 미국의 평균 사무직 근로자는 1년에 약 1,700시간을 컴퓨터 화면 앞에서 보냈다.[1] 당신이 가르치는 학생들이 앞으로 직업을 갖게 되었을 때 이 시간이 증가할까 아니면 감소할까? 그리고 그 많은 시간 동안 화면 앞에서 무엇을 하게 될까?

쉽게 예상할 수 있듯이 대부분의 학생은 화면 앞에서 많은 시간을 보내는 일을 하며 사회 생활을 시작할 가능성이 크다. 학생들은 방대한 정보를 읽고 듣고 시청하며, 적극적으로 조사한 자료를 비교·분석하게 될 것이다. 또한 수집한 데이터를 플랫폼 간에 전송하며 논거를 구성하고, 과제를 완료하며, 다른 사람이 활용할 보고서를 작성하는 데 시간을 보낼 것이다. 그런 환경에서 성공하고 성장하기 위한 최선의 전략은 무엇일까? 아마도 상위 관리자가 요구하는 훌륭한 보고서를 작성하는 것이 아닐까?

그 일을 잘하는 데 필요한 핵심 기능은 무엇일까? 나는 그것이 자신의 작업 품질을 정확히 평가할 수 있는 능력이라고 생각한다. 어떤 직업에서든 자신이 만든 작업물을 보고 그것이 좋은지, 나쁜지 혹은 평균 수준인지 정확히 판단하고, 자기 의지에 따라 그 작업의 품질을 향상시킬 수 있다면, 이는 내적 동기를 생성함과 동시에 해당 직업에서 최선을 다하는 데 필요한 작업 수준으로 자신의 능력을 끌어올릴 수 있을 것이다. 자기 결과물의 완성도를 정확히 판단하는 기능은 그 자체로 ATL 기능이며 이는 학교에서 메타인지 기능에 초점을 맞추어 개발될 수 있다.

학생이 자신의 결과물을 정확히 평가하는 능력을 기르기 위해서는 교사의 구체적인 피드백이 필요하다. 결국 이것이 진정한 가르침의 핵심 아니겠는가? 학생에게 질 높은 피드백을 제공하여 변화와 개선일 이끌어 낼 수 있도록 돕는 것이다.

그렇다면 훌륭한 교사로서 가장 답답한 점은 무엇인가? 학생에게 과제를 개선할 방법에 대해 양질의 피드백을 충분히 제공했음에도 다음 과제에서 이전 피드백을 통해 권장했던 변화를 전혀 반영하지 않았음을 발견한 적이 있는가? 이러한 문제를 해결함과 동시에 학생의 과제 수준을 향상시키며, 자기 관리 능력을 개선하고, 메타인지적 인식을 높일 수 있는 간단한 방법이 있을 것이다. 학생이 더 효과적이고 효율적으로 학습하도록 돕기 위해 우리는 학생이 정보를 처리하고, 패턴을 발견하며, 개념적 이해를 구축하고, 주요 사실과 아이디어를 기억하는 방식을 더 잘 인식하도록 하는 것이다. 학생이 가장 기본적인 학습 과제조차도 특정 기법과 전략을 사용하여 수행하고 있다는 것을 인지하고 있다면 동일하거나 더 나은 결과를 얻기 위해 더 효과적이고 효율적인 전략이 있을지 고민해 보도록 격려할 수 있다. 그런 다음, 새로운 학습 방법을 시도하고 그 결과를 평가하도록 격려해야 한다.

교실 활동

교사는 다음의 세 가지 교수 전략을 활용하여 학생의 메타인지 인식과 메타인지 기능을 발전시킬 수 있다.

이해의 격차 파악하기

대부분의 평가 활동의 목표는 교사가 학생들이 무엇을 알고 이해하며 활용할 수 있는지를 파악한 후 부족한 부분을 분석하고 이를 보완하기 위한 수업을 설계하는 데 있다. 평가는 일반적으로 학생들이 배운 것에 초점을 맞추지만, 아직 배우지 않았거나 이해하지 못한 것에는 덜 주목하는 경우가 많다. 그러나 효과적인 수업의 핵심은 학생이 아직 알지 못하거나 이해하지 못하는 것을 정확히 파악하는 데 있지 않은가? 이것을 실천하며 동시에 학생의 메타인지 기능을 향상시키는 한 가지 방법은 주기적으로 학생에게 자신이 아직 모르거나 이해하지 못한 것을 자세히 설명하도록 요청하는 것이다. 학생이 자신이 아직 이해하지 못하거나 배우지 못했거나 기억하지 못한 것을 교사에게 알리도록 독려한다면 이는 교사에게 귀중한 정보를 제공하여 이후 수업 설계에 반영할 수 있고 모든 학생이 완전한 이해에 이를 수 있도록 도울 수 있다. 이 방법은 수업(또는 주간, 단원) 시작이나 끝에 토론으로 진행하거나, 종이에 적거나, 채팅 앱을 통해서도 가능하다. 예를 들어, 교사는 학생에게 집에서 그날 배운 자료나 단원 및 주제의 내용을 검토하고, 이해되지 않은 점에 대한 심도 있는 질문을 하거나, '모두 이해했습니다.'라는 메시지를 보내도록 요청할 수 있다. 이렇게 하면 교사는 각 학생으로부터 메시지를 받고 목표했던 이해가 성취되었는지 또는 학생들 사이에 공통된 오해가 있는지 즉시 확인할 수 있다. 확인된 문제는 다음 수업 시간에 수업을 이어 가기 전에 해결할 수 있다. 이 과정은 모든 학생이 학습 속도를 유지하도록 돕는 동시에 성공적인 학습에 대한 책임을 학생 개개인에게 확고히 부여하기 시작하는 데 매우 효과적이다. 이제 학생은 학습 과정을 진행하며 모든 내용을 이해했는지 스스로 점검하고 확인하는 책임을 갖게 된다.

표 5-1 이해에 대한 메타인지 평가

- 학습 내용의 이해를 평가하고, 격차를 파악하기
  - 내가 이해하지 못한 것이 있는가?
  - 내가 어떻게 ~할 수 있는가?
  - 내가 ~하려면 무엇을 해야 하는가?
  - 내가 알아야 할 것은 무엇인가?
  - 내가 도저히 이해가 안 되는 것은 무엇인가?
  - 선생님이 말씀하신 ~는 무슨 의미인가?

- 지금까지 어떤 질문이 있는가?

____

____

학생에게 자신이 아직 알지 못하거나 이해하지 못하는 것을 스스로 식별하는 방법을 가르치는 것은 학생이 이미 알고 있거나 이해하는 것을 증명하게 하는 것보다 훨씬 유용하다. 학생이 자신의 학습 격차를 파악할 줄 안다면 그 격차를 스스로 메우는 책임을 지도록 격려할 수 있다. 이는 효과적으로 자기 관리 학습을 하는 학습자가 갖춰야 할 가장 기본적인 기능이다.

형성 평가에서 자기 평가 실천하기

제3장에서 자기 평가를 모든 ATL 기능 평가에 어떻게 활용할 수 있는지 그리고 정확한 자기 평가가 어떻게 그 자체로 ATL 기능으로 간주될 수 있는지를 설명했다. 이는 당신이 가르치는 모든 학생의 향후 삶에서 매우 중요한 역할을 하게 될 것이다.

학생에게 정확한 자기 평가 방법을 가르치는 것은 단계적인 과정을 통해 개발될 수 있다. 학생이 각 단계에 숙달되면 교사는 더 높은 수준의 자기 평가로 바꿀 수 있다. 단계 간 전환의 속도는 학생의 진척도에 전적으로 달려 있다.

다음 형성 평가에서 시도할 방법

① 전체 점수의 일부를 학생의 자기 평가에 할당하는 것부터 시작한다. 과제 끝에 몇 줄을 추가해 자신이 잘했다고 생각하는 부분과 부족하다고 생각하는 부분을 기술하도록 요청한다. 자기 평가의 정확성에 대해 전체 점수의 약 5%를 할당한다.

② 다음으로, 좀 더 형식적인 자기 평가를 요청한다. 과제의 마지막 부분에 한 문단 정도로 자기 평가를 작성하도록 하고 자기 평가의 정확성에 대한 점수를 전체 점수의 10% 또는 15%로 증가시킨다.

③ 자기 평가의 비중을 점차 높여 최대 25% 수준까지 끌어올린다.

④ 과제 수행 도중 일부를 학생이 자기 평가로 점수화하도록 요청한다. 교사는 학생의 점수에 크게 반대하지 않는 한 그대로 수용해야 한다.

⑤ 각 평가에서 자기 평가의 비중과 최종 점수에서 학생이 스스로 결정하는 비율을 점차 늘린다.

⑥ 최종적으로 학생이 자신의 과제를 완전히 자기 평가하도록 허용한다.

학습 전략 효과에 대해 인식하기

학교에서 학생은 매일 여러 교사가 다양한 수업에서 사용하는 학습 방법이나 전략에 노출되며 주도적으로 공부하거나 숙제할 때 자신만의 학습 전략을 활용하기도 한다. 모든 학습 전략은 ATL 기능의 실질적인 구현이며 이를 실천하는 과정이다. 메타인지 인식과 메타인지 기능을 개발하는 세 번째 측면은 학생이 자신이 경험한 학습 전략과 방법의 효과를 정기적으로 성찰하는 것이다.

수업을 연구하기, 읽기, 쓰기, 토론하기, 듣기, 질문하기, 비판적 사고 및 논리 전개하기와 같은 학습 전략(ATL 기능)을 실천하는 장으로 본다면 이러한 모든 수업은 학생이 자신에게 가장 잘 맞는 학습 방식이 무엇인지 스스로 알아차리도록 돕는 풍부한 기회를 제공한다고 볼 수 있다. 이것의 목적은 모든 학생이 더 효과적이고 효율적으로 학습하게 하는 것이며 이는 교사의 재교육 부담을 줄여 업무를 더욱 수월하고 효율적으로 만드는 결과를 가져온다.

학생이 학습 전략을 인식하도록 돕는 가장 간단한 방법은 학생들이 평소 학교 수업에서 자신이 어떤 방법으로 가르침을 받는지 성찰하고 가장 효과적이었던 전략이 무엇인지 생각해 보게 하는 것이다. 여기서 중요한 점은 학생이 가장 즐겁게 느꼈던 교수법이 아니라 특정 학습 내용을 이해하고 기억하며 배우는 데 가장 효과적이었던 방법이 무엇인지에 초점을 맞추는 것이다. 이는 즐거움과 효과성을 분리하여 자신에게 가장 적합한 학습 방식을 더 잘 파악하는 데 큰 도약이 된다. 만약 이 연습을 정기적으로(예: 주 1회) 수행한다면 이를 통해 얻게 될 정보를 분석하여 개별 학생이 학습자로서 자신의 학습 유형이나 특성을 파악하고 정리할 수 있다. 그러면 자신에게 가장 효과적인 학습 방법과 ATL 기능 숙달도를 더욱 정교하게 조율할 수 있게 된다. 이 결과는 학생 스스로 자신의 ATL 기능을 향상시키고 숙제나 시험 및 과제를 위한 개별 학습에서 학습 성과를 높이는 데 활용할 수 있다.

자신의 학습 기능의 강점과 약점에 대한 스스로 교정할 때의 이점은 '학습 유형'이라는 신뢰할 수 없는 설문 조사 방식에 의존하지 않는다는 점이다. 대신, 이 방식은 학생이 일상적인 학습에서 경험한 실제 성공과 부족함을 바탕으로 하는 데 의미가 있다. 이에 대한 연구는 매우 명확하다. 현재 사용 가능한 설문 조사 방식으로 학생의 '학습 유형'을 진단하고 이를 바탕으로 학습을 진행하는 것이 학습 효율성과 효과성에 큰 차이를 만든다는 확실한 학문적 증거는 전혀 없다.[2] 그러나 학습자로서 자신의 학습 경험을 분석하여 얻는 강점과 약점을 이해하는 것은 매우 중요하다. 학생이 자신의 경험을 통해 가장 효과적으로 학습하는 방식을 파악하면 그 강점을 개별 학습과 숙제에 활용할 수 있을 뿐만 아니라 약점을 개선하기 위해 새로운 기법과 전략을 시도하며 새로운 ATL 기능을 연습할 수 있다.

학생이 이를 실천하도록 돕는 한 가지 방법은 '학습 일지'를 활용하는 것이다.

학습 일지

오늘/어제 새롭게 배운 한 가지는?	그 당시 교실에서 진행된 활동은? (그림, 도표, 듣기, 토론, 실습, 활동 등)	내가 잘 배웠다고 생각하는 이유는?

오늘/어제 내가 잘 배우지 못하고 있다고 느낀 순간은?	그 당시 교실에서 진행된 활동은? (그림, 도표, 듣기, 토론, 실습, 활동 등)	내가 배우기 어려웠던 이유는?

① 주기적으로 학생들에게 이러한 학습 일지를 작성하게 하고 그 데이터를 보관한다.

② 한두 달 동안 일지 기록이 쌓이면 학생들에게 모든 학습 일지를 분석한 후 다음 문장을 완성하도록 요청한다.

- 나는 ______________________ 할 때 가장 잘 배우는 것 같다.
- 나에게 가장 도움이 될 ATL 기능은 ______________________ 이며, 이를 개발하기 위해 노력할 필요가 있다.

이 연습은 학생이 자신의 학습 경험을 성찰하며 자신의 학습 선호도를 더 잘 인식하도록 돕는다. 또한 모든 과목 수업에서 학습이 진행되는 동안 그 과정 자체에 대한 메타인지적 인식을 향상시키는 데 기여한다. 학생이 새로운 내용을 학습하면서 자신의 학습 과정을 인지하게 된다면 학습의 효율성·효과성을 지속적으로 향상시킬 수 있는 기반을 마련한 것이다.

제6장

학업 성공을 위한 인지적 ATL 기능 가르치기

(이 장에 포함된 모든 연습 문제와 250개 이상의 ATL 기능 연습 활동은 『MYP 학습 접근 방법 학생용 워크북』 및 『DP 학습 접근 방법 학생용 워크북』에서 확인할 수 있다. 해당 워크북은 www.atlskills.com에서 제공되며, 자세한 내용은 lance@taolearn.com으로 이메일을 통해 문의할 수 있다.)

제3장에서 설명한 14가지 범주의 ATL 기능 프레임워크에서 12가지 범주의 ATL 기능은 인지 기능 영역에 속하며 이는 다음과 같다.

- 조직화 기능
- 공부 기능
- 언어 기능
- 매체 활용 기능
- 그룹 기능
- 대인 관계 기능
- 조사 기능
- 비판적 사고 기능
- 컴퓨팅 사고 기능
- 의사결정 기능
- 아이디어 생성 기능
- 적응적 사고 기능

인지 기능은 정보를 처리하는 능력을 의미하며 미래에는 우리 모두 특히 학생들이 오늘날보다 더 많은 정보의 홍수 속에 묻혀서 살 것으로 예측된다. 정보를 처리할 때 인지 기능은 매우 중요한 역할을 하며 학생에게 이 기능을 명시적으로 가르치면 정보 처리 능력 개발에 큰 도움이 된다.

인지 기능의 장점 중 하나는 정서 기능이나 메타인지 기능과 달리 대부분 보편적인 적용이 가능하다는 점이다. 다시 말해, 만약 연구를 통해 그 효과성이 입증된 최고의 기법과 전략은 학생에게도 적용될 가능성이 크다. 이는 학생이 전 세계 어디에 있든 어떤 문화적 배경을 가졌든 동일하게 적용될 것이다.

내가 앞으로 소개할 인지 기능들은 시대와 관계없이 유효하다. 나는 1995년에 학생을 위한 프로그램을 처음 설계했다. 그 이후로 39개국에서 25만 명이 넘는 학생이 이 과정을 수강했으며 1995년에 중요했던 모든 기능이 오늘날에도 여전히 그 중요성을 유지하고 있다. 연습과 활용 방식은 시대에 따라 바뀌었지만 교육과 학습 전반에서 가장 큰 효과를 가져오며 '투자 대비 최고의 효율성'을 발휘하는 상위 다섯 가지 인지 기능은 다음과 같다.

- 시간 및 과제 관리
- 목표 설정 및 달성
- 정보 요약 및 학습 노트 작성
- 기억과 복습
- 다중 감각 학습

이 다섯 가지 인지 기능을 학생에게 명시적으로 가르친 사례를 학생에게 설명하는 방식 그대로 소개하겠다. 먼저 다뤄야 할 것은 오래된 주제인 '학습 유형'이다. 이 주제를 학생과 교사 모두에게 유용한 방식으로 정리한 뒤 학습 노트 작성, 기억, 시간 관리, 목표 달성과 같은 주요 인지 기능을 어떻게 가르칠지 설명하겠다.

교실 활동

여기에는 학생들에게 직접 제시하는 방식으로 작성된 연습 문제와 중간중간 교사를 위한 참고 사항이 포함되어 있다. 원한다면 이 연습을 얼마든지 그리고 원하는 만큼 많은 학생과 활용해도 좋다. 지난 38년 동안 가르쳐 온 기능들이 여러분에게도 유용하기를 바란다.

감각 학습 선호도 이해하기(학습 유형)

우리가 정보를 받아들이는 다섯 가지 감각은 시각, 청각, 촉각, 미각, 후각이다. 이 다섯 가지 감각은 동일한 감각 체계를 사용하여 뇌에 정보를 저장한다. 즉, 우리는 보고 듣고 느낀 것 그리고 맛과 냄새를 모두 기억할 수 있다. 혹시 이 감각 체계를 사용하여 새로운 생각을 머릿속에서 만들어 낼 수 있다는 사실을 알고 있는가? 그리고 우리는 하나의 특정 감각 체계를 사용하여 사고하는 것을 더 선호한다는 사실을 알고 있는가? 이렇게 정보를 머릿속에서 처리하는 방식은 흔히 세 가지 주요 감각 유형으로 나뉜다.

- 시각적(Visual: V): 이미지를 떠올리는 사고를 선호하는 경우
- 청각적(Auditory: A): 소리를 떠올리는 사고를 선호하는 경우
- 운동 감각적(Kinesthetic: K): 감정, 촉감 또는 전신 경험을 활용한 사고를 선호하는 경우

'학습 유형'이라는 개념은 개인의 사고 선호도에 맞춰 학습을 구성하면 학습의 효과를 향상시킬 수 있을지도 모른다는 생각에서 출발한다.

그러나 한 가지 명심해야 할 점은 어떤 사람도 단 한 가지 방식으로만 학습

하지는 않는다는 것이다. 모든 사람은 세 가지 감각 체계를 모두 사용할 수 있지만, 새로운 내용을 학습할 때 보기, 듣기 또는 행동하기와 같은 특정한 체계가 더 효과적으로 작용할 때도 있다. 또한 학습할 때 마음속에서 최소 네 가지 다른 과정이 일어난다는 점도 인식해야 한다. 새로운 정보를 받아들이는 과정, 이를 처리하여 이해에 도달하는 과정, 정보를 저장하는 과정, 그 이후 정보를 꺼내는 과정, 이 과정들 각각에서 정보는 세 가지 주요 감각 체계 중 어느 방식으로든 표현될 수 있다.

가장 중요한 것은 당신의 사고 과정은 단순한 사고 모델보다 훨씬 더 복잡하다는 점을 인지하는 것이다. 따라서 새로운 것을 배우는 데 어려움을 겪는다면, 모든 감각 체계를 활용해 학습해 보는 것이 가장 좋다.

- 시각적(V): 그림, 도표, 순서도 그리기 또는 주제를 설명하는 동영상 찾기
- 청각적(A): 다른 사람에게 소리 내어 설명하기, 스스로에게 말하기, 친구나 교사에게 설명을 요청하기, 관련 팟캐스트 찾기
- 운동 감각적(K): 플래시카드 만들기, 질의응답 게임 만들기, 실험 설계하기, 스스로 테스트해 보기

이 세 가지 감각 체계를 모두 활용해 학습한다면 자신에게 잘 맞는 체계를 통해 학습 내용을 분명히 이해할 수 있을 것이다. 단, 과목에 따라 또는 정보의 유형에 따라 가장 효과적인 학습 방식이 다를 수 있다는 점을 인지해야 한다.

연습: 세 가지 감각 체계를 활용한 학습 예시

① 각 감각 체계를 활용한 학습의 예시를 몇 가지 더 추가해 보자.

- **시각적**: 그림 그리기, 도표, 그래프, 마인드맵 작성, 여러 색상을 사용한 노트 필기, 핵심 내용 강조 표시 등
- **청각적**: 소리 내어 읽기, 녹음 후 재생하기, 다른 사람에게 가르치기, 토론 및 논쟁 참여 등
- **운동 감각적**: 모형 사용, 실습, VR 또는 AR 활용, 플래시카드 만들기, 질의응답 게임 활용 등

모든 학생에게 가장 효과적인 학습 방법은 새로운 내용을 시각적·청각적·운동 감각적 방식을 모두 사용해 학습해 보는 것이다.

② 자신이 이해하기 어려운 주제나 과목에서 시각적·청각적·운동 감각적 학습 방법 중 각각 하나를 선택해 시도해 보자.

새로운 학습 자료나 어려운 내용을 배울 때 세 가지 감각 체계를 모두 활용하겠다고 다짐하자.

VAK(시각적·청각적·운동 감각적) 분석

학생이 자신의 감각 체계가 작동하는 방식을 인식하도록 돕는 가장 좋은 방법은 설문 조사가 아니라 직접적인 경험을 통해 이루어진다.

다음 연습을 통해 학생이 자신의 감각 학습 선호도를 파악하도록 돕는다. 필요하다면 이를 스크립트로 활용할 수 있다.

연습 1

오늘 우리가 할 일은 여러분이 머릿속에서 정보를 어떻게 표현하는지 인식할 수 있도록 돕는 것이다.

예를 들어, 내가 다음과 같이 말한다고 상상해 보자.

> "오늘 계획에 약간의 변동이 생겼다. 오늘 남은 수업은 모두 취소했고 운동장에 곧 헬리콥터가 착륙할 것이다. 우리는 모두 밖으로 나가 헬리콥터에 올라타 가장 가까운 산악 스키 리조트로 갈 것이다. 밤사이에 눈이 많이 내렸다고 들었으니 남은 하루를 산에서 스키를 타며 보낼 것이다. 그런 다음, 다시 헬리콥터에 올라타 온천 지역으로 이동하여 따뜻한 온천에 몸을 담그며 휴식을 취할 것이다. 그리고 다시 헬리콥터에 올라타 가장 가까운 대도시로 날아가 초고층 빌딩 꼭대기에 착륙한 뒤 세계 최고 레스토랑에서 최고의 음식을 마음껏 먹을 수 있는 저녁 식사를 하겠다. 마지막으로 검은색 리무진을 대절해 모두를 집까지 데려다 줄 것이다."

이 시나리오를 들으면서 여러분은 머릿속에서 어떤 방식으로 이 이야기를 떠올렸는가? 머릿속에서 일부 정보가 그림으로 표현되었고 내가 말하는 장면이 보였는가? 또 일부는 소리로 표현되었는가? 내가 이야기하는 동안 당신이 소리를 듣거나 스스로에게 이야기하고 있었는가? 그리고 일부는 느낌, 행동, 움직임, 감정, 심지어 맛이나 냄새로 표현되었는가?

이것은 모두 대부분의 사람이 정보를 처리하는 데 사용하는 세 가지 감각 모드이다.

- **시각적**: 그림으로 사고하기
- **청각적**: 소리로 사고하기
- **운동 감각적**: 감정이나 움직임으로 사고하기

모든 사람이 이 세 가지 방식으로 생각하지만 각자 선호하는 사고방식이 있을 수 있다. 그리고 자신이 어떤 방식을 선호하는지 더 잘 이해할수록 학습과 공부를 자신에게 맞게 조직할 수 있다.

자신의 사고 유형을 다음과 같이 점검할 수 있다.

사고 유형 점검표				
사고하는 방식		체크 표시	총합	전략
그림	시각적			
소리	청각적			
감정	운동 감각적			

내가 할 일은 몇 가지 질문을 던지는 것이다. 각 질문마다 여러분이 무엇을 생각하는지 그리고 그 생각이 머릿속에 어떻게 떠오르는지 관찰해 보기를 바란다. 만약 그것이 그림이라면 '그림' 칸에 체크 표시를 하고 만약 생각이 소리로 떠오른다면 '소리' 칸에 표시해 보자. 그리고 만약 그것이 움직임이나 동작의 느낌이거나 혹은 기쁨이나 슬픔 같은 감정일 경우 '감정' 칸에 체크 표시한다.

[다음 12개의 항목 각각에 대해 여러분은 하나씩 소리 내어 말한 다음 학생들이 처음 받은 인상이 그림(시각), 소리(청각), 감정(운동 감각) 중 무엇인지 표에 표시할 시간을 준다. 이 연습 동안 다른 사람과 대화하지 말고 자신의 생각에 집중하도록 한다.]

먼저 몇 가지 단어 연상을 해 보겠다. 그런 다음에는 기억에 관해 물어보고 마지막으로 몇 가지 경험을 물어볼 것이다.

① 다음 단어를 말할 때 무엇이 떠오르는지 생각해 보자.

- 슈퍼마켓
- 여름
- 런던
- 넬슨 만델라

② 이제 몇 가지 기억을 떠올려 보자. 다음 질문에 대한 기억이 머릿속에 어떻게 떠오르는지(그림, 소리, 감정 중 무엇으로 나타나는지) 생각해 보자.

- 초등학교 시절 기억에 남는 선생님
- 어린 시절 가장 친했던 친구
- 처음 차나 버스를 탔을 때
- 어린 시절 겪었던 사고

③ 이제, 현재 여러분이 삶에서 가장 즐기는 네 가지를 적어 보자.

- 영화 보기, 음악 듣기, 책 읽기, 친구들과 어울리기, 스포츠 등

④ 각 활동이 주로 사용하는 감각－보는 것(시각), 듣는 것(청각), 행동하는 것(운동 감각)－에 해당하는 칸에 체크 표시해 보자.

⑤ 그런 다음 각 항목의 총점을 합산해 보자.

⑥ 다음 질문에 해당되는 사람은 손을 들어 보자.

- 시각적(V)이 가장 많은 사람?
- 청각적(A)이 가장 많은 사람?
- 운동 감각적(K)이 가장 많은 사람?

나는 이 연습을 약 천 번 정도 해 보았고 항상 같은 결과를 얻었다. 시각적이 가장 일반적이었고, 그다음이 운동 감각적, 마지막이 청각적이었다. 이를 통해 시각 기억이 가장 뛰어난 기억 체계이며, 운동 감각적 체계는 우리가 가장 선호하는 방식이고, 청각적 체계는 정보를 처리하는 데 가장 덜 선호되는 방식임을 알 수 있다.

그런데 대부분의 수업은 어떻게 진행될까? 대부분 말로만 정보를 전달하는

데 집중되어 있지 않는가? 따라서 학교와 교과서에서 접하는 모든 형태의 정보를 처리하기 위해 배우는 주요 기능 중 하나는 그 정보를 자신에게 다음과 같이 표현되도록 하는 것이다.

- 보는 것
- 듣는 것
- 하는 것

이렇게 하면 항상 자신이 가장 선호하는 방식을 주요 감각으로 사용하여 정보를 처리할 수 있을 뿐만 아니라 그 외 감각을 활용하는 연습도 동시에 할 수 있다. 뉴런 수준에서 각 정보와 최대한 많은 감각적 연결을 형성하게 되므로 결과적으로 뛰어난 다중 감각 학습자가 되어 자신의 뇌가 가진 학습 능력을 최대한 활용할 수 있는 것이다.

수업에서 활용하기

학생이 다중 감각 학습자로 발전하도록 돕고, 모든 '학습 유형'을 강화하고 연습하게 하려면, 가장 중요한 것은 모든 수업에서 주요 학습 내용을 다음과 같이 표현하는 것이다.

- 보는 것
- 듣는 것
- 하는 것

이렇게 하면 학생 개개인의 감각 선호도와 관계없이 모든 학생이 자신의 주요 감각 체계를 통해 정보를 처리할 뿐만 아니라 선호하지 않는 감각 체계를 통해서도 동일한 정보를 처리할 수 있게 된다는 것이다. 이렇게 하여 감각 간의 '변환'이라는 가장 중요한 기능을 배우게 된다.

곰곰이 생각해 보면 우리는 그 어떤 학생도 특정 감각 체계를 통해서만 학습에 성공할 수 있다고 믿는 것을 원하지 않을 것이다. 그것은 자신을 제약하는 믿음일 것이기 때문이다. 우리가 원하는 것은 모든 학생이 어떤 감각 체계든 활용하여 정보를 처리할 수 있는 능력을 개발하도록 돕는 것이다. 이를 통해 학생은 정보가 어떤 방식으로 전달되든 학습의 이점을 최대한 활용할 수 있는 유연하고 다중 감각적인 학습자로 성장하게 된다.

모든 수업에서 주요 학습 내용이 〈표 6-1〉과 같이 표현되도록 한다. 각 열에서 하나씩 선택해 보자.

표 6-1 **학습 내용을 다중 감각적으로 표현하기 위한 수업 전략**

시각적	청각적	운동 감각적
• 비디오, 영화, 사진 활용 • 그림, 포스터, 도표, 그래프 사용 • 과정의 순서도 작성 • 마인드맵과 THOrT맵 활용 • 발표 자료에 색상 사용 • 텍스트의 주요 단어 강조 표시 • 제스처와 표정 사용 • 비언어적 언어(보디랭귀지) 인지 • 시각화와 상상력 활용 • 비디오 기반 웹사이트 방문	• 말하기, 설명하기, 받아쓰기 • 질문하고 대답하기 • 녹음 재생 • 잔잔한 기악 재생 • 소리 내어 읽기 • 논의나 토론 갖기 • 학생들이 서로 가르치도록 하기 • 초청 연사 활용 • 말장난, 언어 게임, 농담 활용 • 공식적이고 즉흥적인 연설 • 이야기, 신화, 전설, 우화, 은유 전달 • 팟 캐스트 및 오디오 자료가 있는 웹사이트 방문	• 실생활 예시 활용 • 마인드맵 작성 및 핵심 포인트 정리, 플래시카드 활용 • 현장 학습, 워크숍, 실험실 세션 • 박물관 및 전시회 방문 • 3D 모델링 활용 • 증강 현실(AR) 및 가상 현실(VR) 활용 • 직접 만지고, 분해하고, 조립할 수 있는 재료 제공 • 신체적 편안함(갈증, 배고픔 등) 고려 • 역할극 및 드라마 활용 • 서기, 움직이기, 스트레칭 시간 제공 • 질의응답 게임 제작 • 게임, 대화형 웹사이트 활용

효과적인 요약 노트 작성하기

교과서나 논문에서 노트를 작성하는 주된 이유는 읽어야 할 단어 수를 줄이고 내용을 더 잘 이해하기 위해서다. 단순히 기록을 남기기 위해 노트를 작성하는 것은 아니다. 그런 목적이라면 사진을 찍거나, 스크린 캡처를 저장하거나, 비디오로 녹화하거나 출처를 남겨 놓는 것이 훨씬 간단할 것이다. 효과적인 노트 작성을 위해서는 다음을 수행해야 한다. 먼저 핵심 포인트를 찾아 요약한다. 그런 다음, 핵심 포인트를 자신만의 방식으로 연결하여 이해를 높인다. 마지막으로, 가장 중요한 메시지를 이해했는지 확인한다. 무언가를 이해하고 나면 무엇을 할 수 있는가? 이해를 적용하거나 활용할 수 있는가? 그 외에 또 무엇을 할 수 있는가?

어떤 내용을 깊이 이해했을 때 그것을 다른 사람이 이해할 수 있도록 쉽게 설명하게 되고 또 자신의 언어로 풀어 낼 수 있게 된다는 것을 경험한 적이 있는가? 결국, 효과적인 노트 작성의 본질은 정보를 요약하여 기록하고, 그 과정을 통해 내용을 이해하며, 자신의 언어로 명확히 설명할 수 있는 방식으로 정리하는 것이다.

이 기능을 개발하는 데에는 세 가지 단계가 필요하다.

1. 텍스트에서 가장 중요한 정보를 정확히 식별하는 방법을 배우기
2. 자신에게 의미 있는 요약을 작성하는 방법을 배우기
3. 그 요약을 자신만의 언어로 표현하되, 이를 문장 형식으로 다시 전환하는 연습하기

효과적인 노트를 작성하는 것은 또한 학습 내용을 장기 기억에 저장하는 데 도움을 준다.

연습 1: 자신에게 가장 적합한 요약 노트 작성 방법 찾아보기

요약 노트를 작성하는 방법은 다양하며 자신에게 가장 잘 맞는 방법을 찾아야 한다.

① 이해하고 기억해야 할 교과서나 노트를 한 권 선택한다.
② 서로 직접적인 관련은 없지만 난이도가 비슷한 네 가지 주제를 각각 반 페이지에서 한 페이지 정도 분량으로 선택한다.
③ 다음 네 가지 서로 다른 방법 중 하나를 사용하여 각 주제를 요약한다.
④ 작업이 완료되면 이해도 테스트를 진행한 후 마지막 단계를 따라 자신에게 가장 효과적인 요약 작성 방법을 찾아본다.

활동 1. 다음의 각 기법(네 가지)을 모두 사용하여 하나씩 요약 노트를 작성해 보자.

- **순차적 노트(linear notes)**

  주제

  제목 1

  아이디어 1 - 키워드

  아이디어 2 - 키워드

  아이디어 3 - 키워드

  제목 2

  아이디어 4 - 키워드

  아이디어 5 - 키워드

- **시각적 노트(visual notes)**

  특정 이야기를 순서대로 그림으로 묘사하는 스토리보드부터 주제에 따른 아이디어의 전개 과정을 보여 주는 순서도까지 다양한 형태를 취할 수 있다.

- 각 상자에 강조 표시된 제목, 아이디어, 키워드를 사용하여 요점을 쓰거나 작은 그림을 그려서 표현하거나 단어와 그림을 함께 사용해 본다.

• **수직(세로) 노트(vertical notes)**
  - 빈 종이를 준비하고 페이지 왼쪽에서 약 1/3 지점에 수직선을 그린다. 오른손잡이는 왼쪽에서, 왼손잡이는 오른쪽에서 선을 그린다.
  - 페이지의 2/3 부분에만 중요한 정보를 작성한다. 모든 사실을 정확히 기록하되, 자신이 이해하기 쉬운 방식으로 작성한다.
  - 발표가 끝난 후 작성한 내용을 읽고 페이지의 1/3 열(column)에 핵심 내용을 요약해 본다.

내가 가장 선호하는 요약 방법은 다음에 제시된 THOrT 맵이다. 한번 시도해 보고 자신에게 맞는지 확인해 보자.

• **THOrT 맵(THOrT map)**

THOrT맵은 네 개의 정보 층으로 구성된다. THOrT맵은 페이지 중앙에 주요 주제(Topic)를 배치하는 것으로 시작한다. 그다음, 주제에서 가지처럼 뻗어나가는 제목(Heading) 층을 구성한다. 각 제목에서 체계적으로 아이디어(Ideas)를 확장하고, 마지막으로 아이디어에서 다시 뻗어 나가는 트리거 단어(Triggerwords, 또는 키워드)를 추가한다. 이 단어들의 첫 글자를 조합하면 'THOrT'라는 단어가 만들어진다.

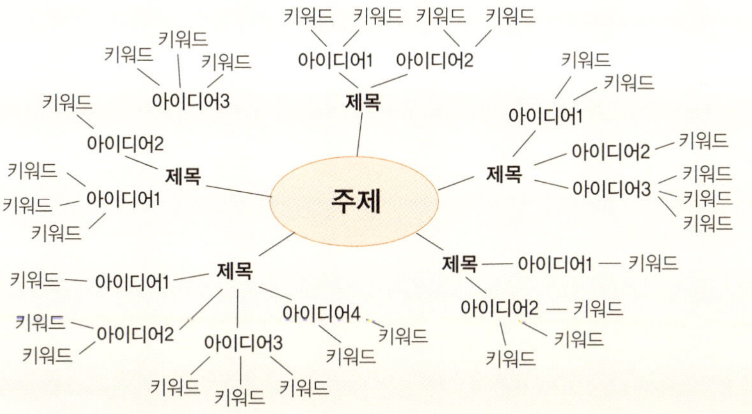

- 정보가 장기 기억에 각인되도록 THOrT 맵의 어떤 지점에서든 가지가 다섯 개를 넘지 않도록 한다.
- 정보는 뇌가 정보를 저장하는 것과 같은 방식으로 '큰 그림'에서 세부 사항으로 연결된다.
- 색상, 작은 그림, 도식을 추가하여 뇌의 모든 부분과 다양한 사고방식을 자극할 수 있도록 매력적으로 만들 수 있다.

활동 2. 이해도를 테스트해 보자.

① 네 가지 요약 노트를 모두 작성한 후 즉시 확인하여 어떤 방법이 당신의 이해와 기억력 향상에 가장 효과적이었는지 짝과 함께 점검해 본다. 이해도 테스트를 수행하려면 짝과 함께 다음 단계를 따라야 한다. 첫 번째 요약을 선택한 후 교과서나 노트를 다시 보지 않은 채 요약만 보고 각 요점을 나만의 언어로 설명해 보자. 요점을 다시 자기 말로 문장으로 바꿔 본다. 각 요약에서 이 작업이 얼마나 쉽거나 어려운지 확인할 수 있을 것이다.
② 이번엔 역할을 바꿔 상대방이 앞의 단계를 동일하게 수행하는 것을 들어 본다.
③ 이제 모든 요약을 잠시 치워 두고 다음날 다시 꺼내어 ②번을 반복한다.
④ 일주일 후에도 동일한 과정을 다시 수행한다.
⑤ 어떤 요약 방법이 자신의 이해력과 장기 기억을 모두 향상시키는지 판단해 본다.
⑥ 원본 정보를 가장 정확히 이해하고 기억할 수 있는 노트 작성 방법이 앞으로 사용할 가장 적합한 방법이다.

기억력 향상 및 주요 정보 기억하기

학교에서 배운 내용을 기억하려면 ATL 몇 가지 기능을 활용해야 한다. 먼저 기억의 핵심은 이해라는 사실을 깨달아야 하며 이해력을 키우는 첫 번째 단계는 자신의 말로 요약 노트를 작성하는 것이다. 우선 내용을 제대로 이해했다면, 다음으로 할 일은 두 가지이다. 정보를 장기 기억에 저장하는 것 그리고 쉽게 잊지 않도록 대비하는 것이다. 이 두 가지 모두 '간격 복습(space review)'이라는 방법을 통해 달성할 수 있으며 그 방법은 다음과 같다.

간격 복습

교사가 전해 주는 정보를 학생이 얼마나 빨리 잊어버리는지 생각해 본 적 있는가? 이것은 학생이 해당 주제에 얼마나 관심을 가졌는지, 주어진 내용을 얼마나 잘 이해했는지에 따라 크게 좌우된다고 생각하는데, 어떻게 생각하는가? 학생들은 평균적으로 어제 배운 내용 중 얼마만큼을 기억할 것 같은가?

1885년 헤르만 에빙하우스(Hermann Ebbinghaus)가 처음 관찰하고 이후 여러 차례 확인된 바에 따르면 인간은 정보를 예측 가능한 속도로 자연스럽게 잊어버린다. 이것은 우리가 정신적 안정을 유지하는 데 도움을 주는 필요한 과정이다. 모든 것을 기억한다면 우리의 작업 기억이 과부하 상태가 되므로 뇌는 의도적으로 정보를 우리 기억에서 지운다.

새로운 정보를 접하면 대부분의 사람은 다음과 같은 방식으로 정보를 잊어 간다.

- 20분 이내에 세부 사항의 40%를 잊는다.
- 1시간 후에는 60%를 잊는다.
- 24시간 내에 80%를 잊는다.
- 2일 후에는 90%를 잊는다.[1]

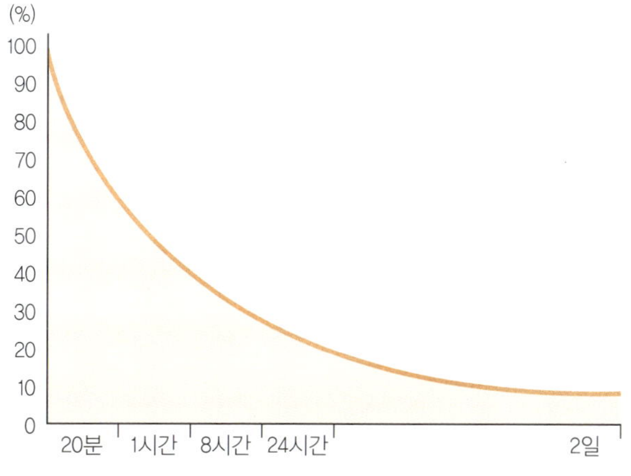

이것은 정상적인 망각이다. 모든 사람이 이러한 경향을 보이지만 반드시 이런 식일 필요는 없다.

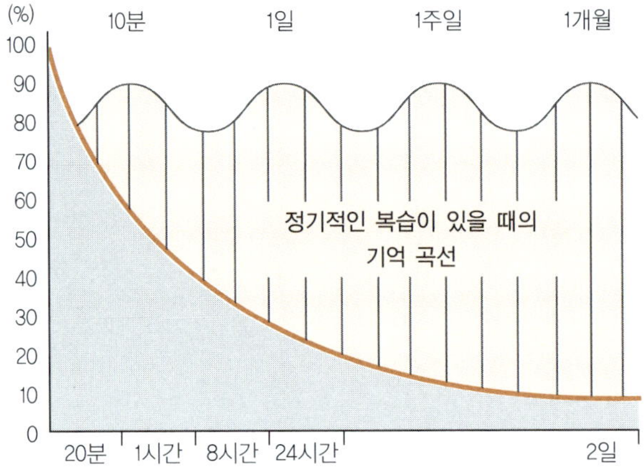

뇌의 뉴런 간 연결 형성과 일치하는 적절한 시점에 간격 복습을 적용하면 주어진 정보에 대한 기억력을 85~90%로 끌어올릴 수 있다. 학교에서 접한 모든 과목의 모든 정보를 기억하는 것이 불가능한 일처럼 보일 수도 있지만, 뇌의 자연스러운 복습 주기를 활용하면 가능할 뿐 아니라 이를 쉽게 할 수 있다. 이 과정에는 두 단계가 있다.

1. 이전 연습에서와 같이 자신만의 언어로 정보를 요약한 뒤 기록한다.
2. 다음의 일정에 따라 네 번 복습한다.

'복습'이란, 요약 노트를 보고 원본 텍스트를 참조하지 않은 채 요약된 내용을 자신의 언어로 표현하되, 이를 문장 형식으로 다시 전환해 소리 내어 말하는 것을 의미한다.

장기 기억을 형성하기 위한 가장 중요한 복습 시기는 다음과 같다.

- 1차 복습: 즉시, 10분 이내(내용을 이해한 직후)
- 2차 복습: 24시간 이내
- 3차 복습: 1주일 후
- 4차 복습: 1개월 후

기억의 핵심은 이해이다. 어떤 내용을 이해하면 그것을 기억하는 것은 매우 쉽다. 무언가를 이해하기 위해 해야 할 일은 간단하다. 교과서나 교사가 말하는 것을 그대로 따라 하는 것이 아니라 그 정보를 가져와 자기 말로 반복해서 말하거나 글로 써서 이해하면 쉽다.

매일의 학습 내용 기억하기

1. 학교에서 수업이 끝나고 자리를 정리할 때 해당 수업에서 배운 다섯 가지를 떠올리려고 노력한다. 이 단계가 어떻게 느껴져도 괜찮다. 대신 반드시 다음 단계를 수행해야 한다.
2. 매일 밤, 그날 하루 학교에서 배운 모든 내용을 읽고, 각 수업의 내용을 요약 노트로 작성한 뒤, 나만의 언어로 읽어 본다.
3. 매주, 각 과목의 요약 노트를 한 주간 모아 한 과목당 하나의 큰 아이디어 맵(THOrT 맵)으로 정리한다.
4. 매달 말에는 각 과목의 주간 아이디어 맵 네 개를 모아 한 달 동안의 주요 포인트를 포함한 큰 요약 맵으로 통합한다. 그 페이지를 벽에 붙여 자주 볼 수 있도록 한다.

수업에서 활용하기

각 과목에는 학생이 필요할 때 기억할 수 있도록 하고 싶은 핵심 지식이 있다. 이 지식은 과목 전체를 구성하지는 않지만 다른 모든 지식의 기반이 되는 지식의 핵심을 형성한다. 기억해야 할 핵심 정보를 파악했다면 그것을 모든 학생이 잘 기억하도록 돕는 것이 교수자의 책임이라고 생각한다.

앞서 학생용 4단계 전략을 그대로 적용하기만 해도 모든 학생이 핵심 정보를 정확히 기억해 내는 수준에 도달할 수 있다.

1. 매 수업 시작 시, 책을 덮고 이전 수업에서 배운 내용을 복습한다. 학생들에게 돌아가며 지난 시간에 배운 것을 한 가지씩 말하게 한다.
2. 각 수업을 마치기 직전, 마지막 5분 동안 학생들에게 책과 노트북을 덮고 이번 수업에서 배운 것을 한 가지씩 말하도록 한다. 단, 이미 다른 학생이 말한 내용과는 다른 것을 말해야 한다고 알려 준다. 이 과정을 수업마다 빠르게 진행하고 이를 모든 수업에서 반복되는 루틴으로 만든다.
3. 일주일에 한 번, 학생들이 짝과 함께 그 주에 해당 과목에서 배운 핵심 내용을 가능한 한 시각적으로 정리한 아이디어 맵을 만들도록 한다.
4. 한 달에 한 번, 학생들을 네 명씩 그룹으로 묶어 각 주간 요약을 모아 한 달간의 주요 포인트를 포함한 큰 요약을 만든다.
5. 한 달간의 요약을 모두 살펴보고 가장 좋은 것을 골라 월별 요약 책으로 엮어 볼 수 있다.
6. 이렇게 하면 과목의 모든 핵심 사항을 기억할 수 있을 뿐만 아니라 학생들이 이전에 수행한 과제를 이해하는 데 도움이 되도록 언제든지 꺼내어 볼 수 있는 과목의 요약 자료를 만들 수 있다.

마지막으로, 학생들이 암기해야 하는 내용에는 효과적인 기억 기법을 적용할 수 있다.

기억 기법

1920년대 러시아의 언론인 솔로몬 베냐미노비치 셰레솁스키(Solomon Veniaminovich Shereshevsky)는 결코 아무것도 잊지 않는 완전 기억력을 지닌 인물이었다. 러시아의 신경학자 루리아(A. R. Luria)는 셰레솁스키를 20년 이상 연구하며 과학적 실험을 통해 그의 놀라운 능력을 확인할 수 있었다. 셰레솁스키의 비범한 능력을 보여 주는 한 예는 루리아가 무작위로 조합된 두 글자(lb, gr, tk, oc 등)로 작성된 페이지를 셰레솁스키에게 한 번 읽도록 한 뒤, 8년 후 같은 내용을 기억해 내도록 요청한 사건이다. 셰레솁스키는 모든 글자를 정확히 기억해 냈을 뿐만 아니라 당시 시험을 볼 때 두 사람이 어디에 있었는지, 무엇을 입고 있었는지, 날씨가 어땠는지, 점심으로 무엇을 먹었는지 등 많은 세부 사항까지도 완벽하게 기억해 냈다.

루리아가 밝혀 낸 것은 셰레솁스키의 놀라운 기억력이 '공감각(synaesthesia)'이라는 정신적 상태에 귀인한다는 점이다. 공감각에서는 감각 간 경계가 사라지고 서로 합쳐지기 시작한다. 이로 인해, 특정 소리를 들으면 머릿속에 특정 색이 떠오르고, 시각은 소리와 연결되며, 후각을 통해 질감 등이 떠오르는 등 다양한 방식으로 나타난다. 두 가지 이상의 감각이 교차하는 현상은 2만 5천 명 중 한 명꼴로 발생하는 것으로 알려졌지만 나이가 들고 사회화가 진행되면서 급격히 줄어든다. 셰레솁스키의 놀라운 점은 그가 받은 모든 감각적 인상을 다른 감각으로 표현할 수 있는 정신적으로 완전한 공감각을 가졌다는 것이다. 피아노에서 연주되는 한 음의 소리를 어떻게 '경험'했는지 설명해 달라는 질문에 셰레솁스키는 다음과 같이 대답했다.

> 어두운 배경에 갈색 띠가 나타나고 빨간 혀 모양의 가장자리와 달콤하고 신맛이 나는 보르시치(비트를 사용한 동유럽 전통 수프)처럼 느껴진다.

다른 음에 대해서는 다음과 같이 '보았다'고 기록했다.

> 섬세하고 기분 좋은 분홍빛-주황빛 색조가 섞인 벨벳 끈이 온 사방으로 섬유질을 뻗어 내는 것처럼 보인다.

셰레셉스키는 공감각을 통해 삶의 모든 경험을 모든 감각으로 '연결'할 수 있었기 때문에 모든 것을 뚜렷이 기억할 수 있었다.

살아오면서 겪었던 경험 중 영원히 기억에 남을 만한 강렬한 기억을 남긴 두세 가지를 생각해 보자. 그 기억은 모든 감각에서 떠오르는가? 그 느낌이 어땠는지 기억할 수 있는가? 시각, 소리, 촉감, 맛, 냄새까지 떠올릴 수 있는가?

셰레셉스키가 그랬던 것처럼 우리는 모든 감각을 사용할 때 가장 강력한 기억을 형성하고 떠올릴 수 있으며 이러한 다중 감각적 표현은 장기 기억을 만드는 데 중요한 역할을 한다. 우리는 아직 공감각을 훈련하는 방법을 알지 못하지만 우리가 할 수 있는 것은 상상력을 활용해 정보를 기억하기 위한 모든 감각의 연결 고리를 만드는 것이다.

학생이 반드시 기억하기를 바라는 모든 사항에 대해 가능한 모든 감각을 동원해 명확히 제시해야 한다. 수업의 모든 핵심 사항이 학생에게 다음과 같이 제시되었는지 확인해 볼 수 있다.

- 보는 것
- 듣는 것
- 하는 것

가능하다면, 만지고, 맛보고, 냄새 맡는 것까지 포함할 수 있다.

또 다른 방법은 학생에게 간단한 기억 기법을 가르치는 것이다. 기억 기법은 확실히 효과가 있다. 많은 교사가 이를 단순한 요령이나 트릭으로 간주하지만 기억 기법은 확실히 효과적이다. 나는 지난 28년간 학생 워크숍을 진행하면서 이 사실을 수없이 확인해 왔다. 워크숍 참가자 중에 자신의 기억력이 매우 나쁘다고 믿어 온 학생이 매번 최소 한 명은 있었는데 그들이 어느 순간 20개의 항목을 손쉽게 기억해 내는 것을 반복해서 목격해 왔다. 이러한 경험은 학생의 자신감에 큰 변화를 불러온다. 또한 학생은 "그동안 아무도 나에게 기억하는 방법을 가르쳐 준 적이 없었구나."라고 생각하며 왜 과거에 기억력이 좋지 않았는지에 대한 이유를 알게 된다. 그리고 앞으로 활용할 수 있는 구체적인 전략, 즉 기억 기법을 터득하게 된다.

물론 학교 과목을 배우는 것은 단순히 암기하는 것 이상의 의미가 있지만, 아이가 각 과목에 필요한 내용을 항상 기억할 수 있다는 자신감을 갖게 된다면 어떤 과목을 공부하든 자신감이 크게 향상될 수 있다. 다음의 기억 기법 연습은 수천 명의 학생들과 함께 검증되었으며 효과적일 뿐만 아니라 학생과 교사 모두에게 즐거움을 준다.

이 연습은 학생에게 직접 이야기하는 형식으로 작성되었다.

교실 연습

연습 1: 숫자 연결 기억법

① 숫자 1부터 10까지를 상징하는 이미지를 마음속에 떠올려 본다.

1	드럼	6	막대기
2	신발	7	천국
3	나무	8	대문
4	문	9	와인
5	벌집	10	암탉

이 목록을 몇 번 반복하여 각 숫자와 이미지가 확실히 연결되도록 연습한다. 이 연습은 숫자와 이미지를 결합하여 기억력을 향상시키는 데 도움을 준다.

이 방법은 특정 역사적 사건을 떠올리면서 해당 사건의 연도 숫자를 앞서 연습에서 다룬 숫자 연결 기억법(number pegging)으로 표현하는 것이다(발명-1439년. 1439은 숫자 연결 기억법에 따라 드럼-문-나무-와인으로 변환).

학교에서 외워야 할 연도는 보통 1로 시작하기 때문에 첫 번째 숫자인 1에 대한 이미지를 따로 만들 필요는 없을 것이다. 따라서 기억해야 할 것은 439이며 이 숫자들을 올바른 순서로 기억하는 것이 중요하다. 이 기법의 핵심은 머릿속에 떠오르는 그림을 최대한 생생하고 구체적이게 상상하는 것이다.

[학생들에게 눈을 감고 상상하도록 요청한다.]

여러분은 중세 시대의 더럽고 연기가 자욱한 어느 유럽 마을에 있다. 커다란 공장 건물 앞에 서 있는데 안에서 기계가 요란하게 쾅쾅 소리를 내며 돌아가는 소리가 들려온다. 힘겹게 커다란 나무문을 열고 들어가 보니 거대한 인쇄기가 미친 듯이 돌아가며 수백 권의 책을 바닥에 쏟아 내고 있다. 마치 폭발 직전인 것 같다. 기계를 관리하는 책임자인지 찾아 주위를 둘러보니 공장 바닥 한가운데 커다란 참나무 아래에서 감독관이 곤히 잠들어 있는 것을 발견한다. 가까이 다가가서 보니 감독관은 빈 와인병에 둘러싸여 있고, 한 손에는 와인병을 들고 있다. 얼굴에는 와인이 잔뜩 묻어 있는데, 분명히 술을 마시다가 잠이 든 것처럼 보인다. 그사이 인쇄기는 제멋대로 돌아가고 있고 폭발하기 직전인 것 같다. 이제 문, 나무, 와인을 이 순서대로 명확히 기억하고 그것들이 모두 인쇄기와 연결되어 있다고 상상해 보자.

[눈을 뜨고 날짜와 사건을 확인한다.]

② 다음 사건들을 위한 재미있는 그림 이야기를 직접 만들어 본다.

망원경의 발명			
1	6	0	8
	막대기	암탉	대문

재봉틀의 발명			
1	7	9	0
	천국	와인	암탉

예초기의 발명			
1	8	3	0
	대문	나무	암탉

[학생들이 각자 만든 이야기를 서로에게 이야기하도록 하고 자원자를 받아 반 전체 앞에서 발표하게 한다. 그런 다음, 책을 덮고 네 가지 사건과 날짜를 복습한다.]

연습 2: 장소 기억법

이 기법은 자신에게 익숙한 장소를 활용하여 기억하고 싶은 정보를 저장하는 기억법이다.

① 먼저 해야 할 일은 자신이 잘 알고 있는 장소의 목록을 만드는 것이다. 잠시 집에 있다고 상상하고 집 안을 돌아다니면서 뒷문, 부엌 식탁, 벤치, 가스레인지, 싱크대, 식기세척기 등 눈에 띄는 장소 열 곳의 목록을 순서대로 적어 본다. 다음에 제시한 것처럼 왼쪽 열에 목록으로 작성해 본다.

② 그다음에는 슈퍼마켓에서 구매할 열 가지 식료품(예: 계란, 초콜릿, 소시지, 버터, 생선, 콜라 등)의 목록을 만들고 각 위치마다 하나씩 오른쪽 열에 적고 다음과 같이 자신만의 표에 정보를 채워 넣어 본다.

③

장소	물건
뒷문	계란
식탁	초콜릿
벤치	소시지
가스레인지	버터
싱크대	생선
식기세척기	콜라

④ 그런 다음 집 안을 거니는 상상을 한다. 각 장소(자신의 집, 상상 속)에 식료품 한 가지씩을 놓되, 가능한 한 '과장된' 이미지로 배치하기만 하면 된다(예: 집 안에 있는 식료품).

뒷문을 열었더니 달걀 더미에 부딪혔다. 달걀이 다 깨지면서 끈적끈적하고 질퍽한 액체가 현관 앞 계단에 흘러내렸다. 그래서 조심스럽게 그 위를 넘어 부엌으로 들어갔다. 제일 먼저 보인 것은 주방 식탁이었는데 식탁이 초콜릿으로 만들어져 있어서 한 조각을 떼어 먹었다. 그리고 벤치를 보니 수백 개의 소시지가 차곡차곡 쌓여 의자가 되어 있었다. 그리고 가스레인지 위에는 냄비가 있었는데 그 안에서 녹은 버터가 넘쳐흘러 뜨거운 불판 위에서 타고 있었다. 물을 가져오려고 싱크대로 갔더니 싱크대 안에는 물고기들이 헤엄치고 있었다. 마지막으로 식기세척기를 열었더니 콜라가 콸콸 쏟아져 나와 바닥을 흥건하게 적셨다.

⑤ 집에 있는 식료품 목록을 순서대로 나열하고 가능한 한 생생하게 상상해 본다. 그런 다음, 눈을 감고 마음속으로 집 안을 거닐며 모든 물건이 있는지 확인해 본다.

[학생들이 모두 끝낼 때까지 기다렸다가 책을 덮고 기억나는 대로 열 가지의 항목이 무엇인지 큰 소리로 말해 달라고 한다. 처음에는 1에서 10 순서로, 그다음에는 10에서 1 순서로, 그다음에는 무작위로 말해 본다. 그리고 난이도를 높여 본다.]

⑥ 장소와 물건을 더 추가해 목록을 길게 만들어 본다.
⑦ 반에서 누가 가장 긴 목록을 정확히 기억할 수 있는지 알아본다.

연습 3: 그림 이야기로 물리학 배우기

물리학에서 지구상에 존재하는 모든 에너지의 형태와 종류를 기억해야 한다고 가정하고 다음과 같은 상황을 상상해 보자.

[교사가 큰소리로 천천히 읽는 동안 눈을 감고 상상해 본다.]

하늘에 있는 전기 콘센트에 태양이 꽂혀 점점 더 뜨거워지고, 더 뜨거워지고, 더 뜨거워지다가 결국 너무 뜨거워져 하늘을 가로질러 날아가며 구름에게 "비켜!" 하고 외친다. 태양은 질주하다가 하늘 끝자락에 다다라서 급정거한다. 그곳은 깊은 낭떠러지라서 태양은 발에 번지 점프 줄을 묶고 그대로 뛰어내린다. 몇 번이나 위아래로 튕겨 오르내리지만, 너무 뜨거워서 줄이 타 끊어져 버리고,

태양은 끝없이 떨어져 결국 산성 용액이 가득한 통 속으로 빠져든다. 그러자 커다란 거품이 일고, 지글지글 소리를 내며, 고약한 냄새의 화학 반응이 일어나더니 마침내 거대한 핵폭발로 터져 버린다.

[눈을 뜨고 이미지와 물리학의 연관성을 설명해 본다.]

- **활성 에너지:** 태양(태양 에너지)이 하늘의 전기 콘센트(전기 에너지)에 꽂혀 점점 더 뜨거워지고(열 에너지), 결국 너무 뜨거워져서 하늘을 가로질러 질주하며(운동 에너지) 구름에게 "비켜!" 하고 외치는 소리(소리 에너지)를 낸다. 그러다 하늘 끝에 다다라 급정거하는 장면까지 이어진다.
- **잠재 에너지:** 태양이 발에 번지 점프 줄을 묶고 뛰어내리며(중력 에너지), 줄에 매달려 위아래로 튕겨 오르내리는 동안(탄성 에너지) 너무 뜨거워 줄이 타서 끊어지고, 아래로 아래로 계속 떨어진다.
- **화학 에너지:** 결국 태양이 산성 용액이 가득한 통 속에 빠져들고, 커다란 거품과 지글지글 끓는 소리, 고약한 냄새가 나는 화학 반응(화학 에너지)을 일으킨다. 그리고 마침내 거대한 핵폭발(핵 에너지)로 터져 버린다.

[책을 덮고, 학생들이 지구상의 모든 에너지 형태를 소리 내어 설명하도록 한다.]

찾아보면 수업 시간에 활용할 수 있는 기억 기법과 연습 문제를 발견할 수 있을 것이다. 기억력을 향상시키는 데 관심이 많은 학생에게는 따로 더 조사해 보고 알아본 내용을 수업 시간에 보고하도록 격려한다. 좋은 기억력은 소수의 특권이 아니며 방법을 배우고자 하는 누구나 가질 수 있는 능력이다.

시간 및 과업 관리

시간은 한정된 자원이다. 시간을 더 만들어 낼 수는 없으므로 주어진 시간을 어떻게 사용하는지가 매우 중요하다. 당장 직면한 일부터 장기적인 목표까지 염두에 두고 있는 모든 목표를 최대한 효과적·효율적으로 달성하기 위해 시간을 사용하고 싶을 것이다. 하지만 휴식, 친구, 관계, 가족 등 인생에서 정말 중요한 것들을 위해 목표 지향적이지 않은 시간도 일정에 포함하고 싶을 것이다.

이 연습은 자신이 완료해야 하는 모든 과제, 정기적으로 참석해야 하는 학교 안팎의 활동, 해야 하는 집안일, 지켜야 하는 책임 등 당면한 모든 과제를 관리하는 데 도움이 된다. 이 장의 마지막 부분에서는 삶의 모든 영역에서 목표를 설정하고 달성하는 방법을 알려 줄 것이다.

'연습 1'은 드와이트 D. 아이젠하워(Dwight D. Eisenhower)가 개발한 사고 체계를 기반으로 하며 스티븐 코비(Stephen Covey)에 의해 대중화되었다.[2] 여기에는 가까운 미래에 해야 할 모든 과업을 긴급한 것과 중요한 것으로 구분한 다음 우선순위를 효과적으로 정하고 시간을 효율적으로 사용하며 자신의 목표 달성을 방해하는 장애물을 극복하는 방법에 집중하는 것이 포함된다.

연습 1: 시간 및 과업 관리

① 다음과 같이 표를 만들고 다음 주 안에 완료해야 하거나 완료하고 싶은 학교 과제, 과업, 마감일을 모두 적는다.

② 이제, 집안일, 스포츠, 예술, 음악, 여가 활동 등 교외 활동도 추가해 본다.

③ 날짜를 표시하고 모든 과업을 나열한다.

	1일 차	2일 차	3일 차	4일 차	5일 차	6일 차	7일 차
학교 과제							
가족 관련 과업 및 집안일							
기타 과업							

이제 다음 표에 이 모든 과업을 다시 나열하고 각각의 중요성과 긴급성에 대해 판단을 내려 본다.

- **중요한 과업**: 목표를 달성하는 데 도움이 되는 것으로 이러한 과업의 성취는 다른 사람보다 본인에게 더 중요하다.
- **긴급한 과업**: 다른 사람이 목표를 달성하는 데 도움이 되는 것으로 이러한 과업의 달성은 본인보다 다른 사람에게 더 중요하다.

④ 다음 표를 작성하고, 앞에서 작성한 표의 모든 과업을 1열로 옮긴 다음, 두 가지 기준으로 판단을 내리고, 각 과업에 대해 두 개의 체크 표시를 하여 표를 완성한다.

- **'중요함' 또는 '중요하지 않음'**: 이 과업을 완료하는 것이 목표 중 하나를 달성하는 데 도움이 되는 일인가 아니면 그렇지 않은 일인가? 적절한 칸에 체크 표시한다.
- **'긴급함' 또는 '긴급하지 않음'**: 이 과업을 달성하는 것이 다른 사람의 목표 달성에 도움이 되는가 아니면 그렇지 않은가? 적절한 칸에 체크 표시한다.

과업	중요도 (해당하는 칸에 표시)		긴급도 (해당하는 칸에 표시)	
	중요함	중요하지 않음	긴급함	긴급하지 않음

지금까지 무엇을 발견했는가? 많은 과업이 중요하면서도 동시에 긴급하다고 생각되는가?

이제 다음에 행렬을 만들고 각 과업을 올바른 칸에 다시 정리한다.

과업은 네 가지로 분류할 수 있다.

- 중요하고 긴급한 과업
- 중요하지만 긴급하지 않은 과업
- 중요하지 않지만 긴급한 과업
- 중요하지도 않고 긴급하지도 않은 과업

아이젠하워 매트릭스	
1. 중요함+긴급함	2. 중요함+긴급하지 않음
3. 중요하지 않음+긴급함	4. 중요하지 않음+긴급하지 않음

이 분석의 의미는 다음과 같다.

- **1번 영역**에 해당하는 과업은 가장 많은 압박감을 유발한다. 이 영역은 마치 보일러실과 같다. 여기서는 실질적인 과업이 이루어지며 목표를 달성하고 앞으로 나아가는 데 중요한 역할을 한다. 계획과 조직화가 잘 되어 있다면 이 영역을 관리할 수 있지만 조직화나 계획이 느슨해지면 이 영역은 막판 위기 영역, '밤샘' 작업의 영역 그리고 최대의 패닉과 재앙의 영역이 될 수 있다.
- **3번 영역**에 해당하는 과업은 가장 많이 미루는 작업이기 때문에 가장 많은 스트레스를 유발한다. 당신 중요하다고 생각하는 것보다 다른 사람들이 이 과업이 당신이 해야 할 더 중요한 일로 여긴다. 이 작업은 시간을 많이 소비하며, 자기 동기 부여가 전혀 되지 않고, 가장 시간낭비처럼 느껴진다.
- **4번 영역**에 해당하는 과업은 대부분 시간을 낭비하는 활동으로 단순히 시간을 때울 때 하거나 전혀 생산적이지 않은 일이다. 그러나 이러한 활동을 2번 영역으로 옮겨 계획하고, 정리하며, 자신에게 중요한 일로 만들면(예: 휴식을 취하거나 스트레스를

해소하는 데 활용) 1번과 3번 영역에서 오는 스트레스를 상쇄하는 데 매우 유용한 시간이 될 수 있다.

- **2번 영역**은 모든 마법이 일어나는 곳이다! 이 과업은 다른 사람은 중요하게 여기지 않지만 자신에게는 중요한 과업이다. 이는 3번 영역과 1번 영역에서 끝나는 과업의 수를 줄여 압박감과 스트레스를 줄이는 데 도움이 되므로 본인에게 중요하다. 2번 영역 과업의 예는 다음과 같다.
  - 모든 과제와 프로젝트를 완료할 수 있도록 시간을 잘 관리하기
  - 매주 또는 매일 '할 일' 목록 만들기(모든 항목을 추가시키고 완료되면 지우기)
  - 항상 노트와 펜 또는 연필을 가지고 다니며 좋은 아이디어를 모두 적고 매일 밤 검토하기
  - 목표를 달성하는 데 도움을 줄 수 있는 사람들과의 관계 구축에 시간 투자하기
  - 새로운 ATL 기능 배우기(자신에게 동기를 부여하고, 미루는 습관을 극복하고, 잘 실패하는 방법을 배우기 등 성공에 직접적인 영향을 미치는 통제 가능한 요소들)
  - 계획적으로 시간을 들여 의도적으로 스트레스를 해소하고 휴식 취하기(요가, 명상, 마음챙김, 산책, 소설 읽기 등 가능한 최선의 방법으로 해야 함)

	긴급함	긴급하지 않음
중요함	1번 영역: 위기 대응 • 마감 기한이 정해진 작업 • 위기 상황 • 압박 문제 • 압박 속에서 성취	2번 영역: 질적 시간 • 예방 – 조직화 – 관계 구축 • 시스템 개발 • 계획된 여가 활동 및 스트레스 해소
중요하지 않음	3번 영역: 방해 요소 • 일부 과제 • 필수 읽기 자료 • 최신 상태 유지 • 일부 회의 • 몇 가지 의무 사항	4번 영역: 시간 낭비 • TV, 비디오, 소셜 미디어 • 일부 이메일 • 일부 전화 통화 • 기분 좋은 활동

연습 2: 전략적 조치를 취하여 부담 줄이기

① 다음의 표를 만들고 3번 영역과 1번 영역의 모든 과업을 1열에 나열한다.

② 각 과업이 어떻게 생겨났는지 출처를 확인한다.

③ 과거에 이러한 과업을 예방하거나 더 잘 관리할 수 있는 방법이 있었는지 생각해 본다.

④ 그런 다음 지금 시작할 수 있는 일(2번 영역) 중 해당 과업을 더 잘 관리하거나 특정 과업이 다시 발생할 가능성을 줄이거나 없애는 데 도움이 되는 것을 각각 한 가지씩 생각한다.

나의 3번 영역과 1번 영역 과업	각 과업이 어떻게 생겨났는가?	각 과업을 더 잘 관리하거나, 다시 발생하지 않게 하려면 무엇을 할 수 있는가?

⑤ 모든 과업을 없앨 수는 없지만 전략적인 조치를 취함으로써 스스로에 대한 부담을 줄일 수는 있다. 지금부터 도움이 될 것 같은 행동을 시작하겠는가?

⑥ 자신의 삶을 더 잘 통제하고 목표를 성취할 수 있을 때까지 이 연습 전체를 정기적으로 반복해 보자.

이제 달성 가능한 목표를 세우는 방법을 배워 보자.

목표 달성

목표를 글로 작성하는 것은 쉽다. 누구나 할 수 있다. 그러나 목표를 달성하는 것은 어렵다. 그럼에도 불구하고 나는 목표를 세우는 것부터 시작하려 한다.

여러분은 목표 설정을 위한 SMART 프레임워크에 익숙할 것이다. 이 시스템에서는 모든 목표가 다음과 같은 조건을 충족해야 한다.

- 구체적인(Specific: S)
- 측정 가능한(Measurable: M)
- 달성 가능한(Achievable: A)
- 현실적인(Realistic: R)
- 기한이 정해진(Timed: T)

나는 SMART 목표를 그다지 선호하지 않는다. 만약 인간이 '달성 가능'하고 '현실적인' 목표만 미리 설정했다면 우리는 여전히 동굴에서 살고 있을지 모른다. 나는 달성할 수 없고 비현실적일 수도 있는 목표를 설정하는 것을 훨씬 더 선호하는데 그렇게 하면 더 큰 노력을 기울이게 되기 때문이다. 가능성을 제한하는 것은 누구에게나 해를 끼치는 가장 큰 해악이라고 생각한다. 누구나 자신의 능력을 발견하는 유일한 방법은 자신이 할 수 있다고 생각하는 그것 이상의 목표를 설정하고 이를 달성하기 위해 스스로를 밀어붙이는 것이다. 목표는 열망과 영감을 동시에 불러일으킬 수 있어야 한다고 생각한다.

내가 가장 좋아하는 목표 작성 체계는 POSITIVE 프레임워크이다. 모든 목표는 다음과 같은 특징을 가져야 한다고 생각한다.

- 긍정적인(Positive: P): '미루는 습관 극복'이 아닌 '시간과 업무 관리를 더 잘하기' '정크푸드를 덜 먹기'가 아닌 '더 건강하게 먹기' 등 부정적인 언어가

아닌 달성하고자 하는 목표에 초점을 맞춰 긍정적인 언어로 작성한다.

- 결과 중심(Outcome: O): 원하는 결과가 어떤 모습일지 정확히 정의한다.
- 구체적인(Specific: S): 이루고자 하는 목표를 명확하고 구체적으로 정의한다.
- 영감을 주는(Inspirational: I): 목표가 당신을 고무시키고, 영감과 에너지를 주며, 동기 부여를 제공해야 한다.
- 기한이 정해진(Timed: T): 목표를 언제까지 달성할 것인지 명확히 규정한다.
- 인센티브(Incentive: I): 이 목표를 위해 노력하는 이유와 목표를 달성했을 때 얻을 수 있는 최고의 결과가 무엇인지 생각한다.
- 시각화(Visualise: V): 목표 달성의 성공적인 결과를 시각화하는 것이 중요하며, 이를 머릿속에 명확하게 그려 보면 그 성취를 가능하게 하는 뇌의 뉴런 패턴이 형성된다.
- 평가(Evaluate: E): 진행 상황에 대한 정기적인 평가와 달성 지표(예: 목표가 25%, 50%, 75% 달성되었을 때 무엇을 알 수 있는가?)를 설정한다.

하지만 목표를 잘 작성했다고 해서 반드시 달성되는 것은 아니다. 가장 중요한 것은 목표를 작성하는 것이 아니라 실행하는 것이다.

다음은 지난 30년간 나의 모든 목표를 달성하기 위해 사용했던 목표 설정 과정이다. 이 방법이 여러분에게도 유용하기를 바란다.

당신 삶에서 가장 중요한 것은 무엇인가

이 기능을 발달시키려면 아주 상세한 연습 과정을 성실히 수행해야 한다. 이 연습을 철저히 진행한다면 앞으로의 삶에서 어떤 목표를 세우든 이를 달성하는 방법을 터득할 수 있을 것이다.

하지만 이 목표 설정 연습을 시작하기 전에 다음 질문에 먼저 답해야 한다. 당신의 삶에서 가장 중요한 것은 무엇인가? 가족, 친구, 건강, 혹은 열정? 대부분의 사람에게 이것은 모두 가장 중요한 요소이다. 하지만 불행히도 다른 목표를 달성하기 위해 앞만 보고 달려가면서 종종 잊히는 요소들이기도 하다.

이 목표 설정 연습을 시작하기에 앞서 잠시 멈추고 나의 가족, 친구, 건강, 열정에 대해 생각해 보라. 지금 나에게 가장 중요한 것들을 유지·발전·개선하기 위해 현재 무엇을 하고 있는지 잠시 되돌아보고 새로운 목표를 설정하길 바란다.

장기적인 목표 달성하기

삶의 어떤 측면에서든 목표를 세우는 것은 누구나 할 수 있는 일이다. 하지만 그 목표를 이루기 위해 필요한 모든 단계를 밟는 것은 다소 복잡한 일이다. 이는 학업, 사회적 관계, 스포츠, 음악, 개인의 성장 등 무엇을, 어느 부분에서 개선하고자 하든 성과를 내기 위한 핵심 전략이다. 목표를 설정하고 구체적으로 작성하는 것도 중요하지만 목표를 이루는 데 필요한 모든 단계를 실행하는 것이 무엇보다 중요하다. 그렇다면 어떻게 실행에 옮길 수 있을까? 먼저 성과 향상은 지금까지 해 온 것과 다른 방식으로 행동하고 성장 마인드를 발휘하는 것임을 인식해야 한다. 만약 이미 하고 있는 일이었다면 목표를 설정할 필요조차 없었을 것이다.

목표를 달성하려면 필요한 것이 있다.

- 불만 사항 인식하기
- 새로운 목적 세우기
- 변화를 위한 동기를 부여하기 위해 가치와 신념 조정하기
- 과거에 이 목표를 달성하기 위해 행동을 취하지 못했던 이유 파악하기
- 새로운 실행 계획 수립하기
- 실행하기
- 결과를 성찰하고, 통제 가능한 요소에 집중하며, 변화를 위한 피드백 반영하기

연습 1: 목표 달성하기

① A3 용지에 5행 12열의 큰 표를 작성하고 각 칸에 몇 가지를 적을 수 있는 충분한 공간을 확보한다.

② 다음 표의 첫 번째 행에 제목을 적는다.

영역	목표	최종 목적	가치	신념	고통	즐거움	비용	이점	실행	습관	현실화

③ **영역**: 학업, 스포츠, 음악, 인간관계, 성과, 체력, 정서적 건강 등 생활에서 개선되면 좋을 네 가지 영역을 찾아서 작성한다.

④ **목표**: 원하는 변화 또는 달성하고자 하는 사항과 기간(언제까지)을 적는다.

⑤ **최종 목적**: 다음으로 각 목표를 달성하려는 이유를 고려해야 한다. 그러기 위해서는 '그 목표를 달성하면 내가 무엇을 할 수 있게 될까?'라는 질문을 스스로에게 던져야 한다. 다시 말해, 실제로 특정 목표를 이미 달성했다고 상상하고 그 후 어떤 다른 가능성이 열릴지 상상해 보자. 그 목표를 달성했을 때 나는 무엇을 더 할 수 있을까?

- 짝과 활동한다.
- 첫 번째 라운드의 면접관이 될 사람을 결정한다.

면접관: 당신의 첫 번째 목표는 무엇인가요?

대상자: …….

면접관: 그 목표를 달성했을 때 당신은 무엇을 할 수 있게 되나요?

대상자: 그 목표를 달성하면 저는 …을(를) 할 수 있게 됩니다.

면접관: 그리고 그것을 달성했을 때 또 무엇을 할 수 있게 되나요?

- (대상자가) 이 과정을 반복하고 또 반복하여 목표의 최종 목적에 도달할 때까지 진행한다. 표에 도달한 최종 목적을 작성한다.
- 역할을 바꾸어 다른 사람의 첫 번째 목표에 대해 같은 과정을 진행한다. 첫 번째 사람의 두 번째 목표로 넘어간다.
- 자신의 모든 최종 목적이 서로 상호 보완적으로 작용하는가?
- 서로 일관성이 있는지 검토한다. 모든 최종 목적을 동시에 달성할 수 있는가?
- 필요하다면 목표를 수정하여 모든 최종 목적이 서로 일치하도록 조정한다.

⑥ **가치와 신념**: 목표를 달성하기 위해 무엇을 소중히 여기고 무엇을 믿어야 하는지 생각해 본다.

- **가치**: 각 목표를 달성하기 위해 중요하게 여겨야 하는 삶의 요소를 의미한다. 인내, 끈기, 결단력, 노력을 중시하는가? 아니면 휴식, 여유, 내일로 미루기를 중시하는가? 두 가지 모두 때때로 유용하지만 각 목표를 달성하기 위해 더 높은 가치를 두어야 하는 것은 무엇인가?

  가치 항목 아래에 각 목표마다 하나 이상의 중요한 가치를 적는다. '이 목표를 달성하려면 나는 ~을(를) 가치 있게 여겨야 한다.' 작성한 목록을 검토하며 모든 가치관이 서로 잘 맞는지 확인한다.
- **신념**: 목표를 달성하는 데 필요한 믿음을 정의해야 한다. 가장 기본적으로 각 목표를 달성하는 것이 가능하다는 믿음을 가지는 것이 중요하다. 또한 이 목표를 이루기 위해 시간, 에너지, 동기를 충분히 찾을 수 있다는 믿음도 필요할 수 있다. 그 외 목표를 달성하는 데 필요한 다른 믿음은 무엇일지도 함께 고민해 본다.

  신념 항목 아래에 각 목표를 달성하기 위해 믿어야 할 내용을 다음과 같이 적는다. '이 목표를 이루기 위해 나는 ~을(를) 믿어야 한다.'

⑦ **고통과 즐거움**: 동기 부여는 목표를 달성하기 위한 에너지를 만드는 것이다. 그렇다면 모든 목표를 달성하는 데 필요한 에너지는 어떻게 생성하며, 왜 이 목표를 이미 달성하지 않았는가? 이미 달성한 목표가 아니라 새로 운 목표인 이유는 무엇인가? 모든 인간은 즐거움을 추구하려는 욕구와 고통을 피하고 싶은 욕구라는 두 가지 주요 욕구로부터 동기를 부여받는다. 과거에 달성하지 못해도 괜찮았던 이유는 무엇이며, 그 과정에서 느꼈던 즐거움과 피하고자 했던 고통은 무엇이었는가? 이 두 가지 중요한 요소를 파악한 후에는 동기 부여의 방향을 전환하여, 지금 **이 변화를 이**

루고 목표를 달성하지 않을 때 당신의 삶에서 발생할 수 있는 최악의 고통이 무엇일지 그리고 새로운 목표에 전념하고 이를 달성함으로써 미래에 **얻게 될 즐거움**이 무엇일지를 고려해야 한다.

- **고통**: 과거에 이 목표를 달성하려고 할 때 겪었던 고통은 무엇인가? 예를 들어, 힘든 노력, 시간 관리의 어려움, 사회적 활동의 부족, 신체적·정신적 고통, 체계적으로 정리해야 하는 부담, 또는 공부와 같은 것들이 있을 수 있다.
- **즐거움**: 과거에 이 목표를 달성하기 위해 자신을 몰아붙이지 않음으로써 얻었던 즐거움은 무엇인가? 예를 들어, 여유롭게 쉬는 것, 긴장을 풀고 스트레스를 받지 않는 것, 압박감을 느끼지 않는 것, 자신만의 시간을 더 가지는 것, 영화를 더 자주 보는 것, 사회적 활동을 더 많이 하는 것 등이 있을 수 있다.

⑧ **비용과 혜택**: 이제 고통과 즐거움의 동기 부여 원칙을 동일하게 적용하여 이 목표를 지금 달성하지 않을 때 큰 고통을, 목표를 달성하면 큰 즐거움을 부여하는 것이다.

- **비용**: 이 목표를 지금 달성하지 않을 때 여러분에게 닥칠 수 있는 최악의 결과는 무엇인가? 예를 들어, 실망감, 의욕과 동기 상실, 건강 악화, 게으름, 낮은 성적, 저조한 수행, 과목 낙제, 대입 실패, 실업, 가난 그리고 영원히 외롭게 사는 것 등이 있을 수 있다. 가능한 한 최악의 상황을 상상하여 각 목표를 달성할 수 있는 동기를 강화한다. 그 내용을 작성한다.
- **혜택**: 목표를 달성하고 실천했을 때 얻을 수 있는 최고의 혜택은 무엇인가? 새로운 잠재력, 더 많은 기회, 더 나은 미래, 과목 합격, 대학 졸업장 취득, 좋은 직업, 더 많은 인간관계, 더 높은 목표 달성, 다른 사람을 도울 수 있는 능력 향상, 공동체, 친구 및 가족에게 도움을 줄 수 있는 능력 등이 있을 수 있다. 이러한 혜택을 가능한 한 생생하게 상상하여 목표 달성을 위한 동기를 강화한다. 그 내용을 작성한다.

⑨ **실행**: 변화는 실행을 통해서만 이루어진다. 이제 목표를 달성하기 위해 어떤 행동을 해야 할지 고민해 본다. 각 목표에 대해 할 수 있는 일, 해야 할 일, 반드시 해야 할 일을 정리한다. '반드시 해야 할 일'에 집중하여 가장 중요한 것들에 전념한다. 각 '반드시 해야 할 일(must)'을 '**할 일**(Will Do)'로 바꾸어 실행할 것을 다짐하고 그 내용을 작성한다. 목표를 달성하기 위해 반드시 해야 할 일은 무엇인가? 실행할 모든 사항을 목록으로 작성한다.

⑩ **습관과 루틴**: 목표를 달성하기 위한 가장 효과적인 방법 중 하나는 매일 목표에 한 걸

음 더 다가설 수 있도록 습관이나 루틴을 만드는 것이다.

- 습관 항목에 목표 달성을 위해 매일 실천할 수 있는 작고 구체적인 행동을 하나 작성하고 하루도 빠지지 않고 실천할 것을 다짐한다.

⑪ **현실화하기:** 목표를 달성하기 위해서는 스스로에게 힘을 실어 줘야 한다. 이를 실현하는 주요 방법은 두 가지이다. 하나는 스스로에게 말하거나 상상하는 내적 방법이고 다른 하나는 타인의 영향을 활용하는 외적 방법이다.

> 내게 충분히 긴 지렛대와 그것을 놓을 받침점이 주어진다면 나는 세상을 움직일 것이다.
>
> 아르키메데스(Archimedes)

- **슬로건:** 자신에게 동기를 부여하고 목표 달성을 향해 꾸준히 나아갈 수 있도록 힘이 되는 문구를 작성한다. 한 문장이나 짧은 단어들로 이루어진 슬로건을 만들어 모든 목표에 사용할 수 있도록 한다.
- **미래 상상:** 목표를 달성하는 순간의 자신을 상상해 본다. 눈을 감고 목표를 이루는 그 순간을 머릿속에 그려 본다. 그 순간 무엇을 하고 있는지, 자신에게 혹은 다른 사람에게 무엇을 말하고 있는지, 자기 모습은 어떠한지 그리고 어떤 감정을 느끼고 있는지 구체적으로 상상한다. 이 이미지를 매일 몇 분씩 떠올려 강화하고 마음속에 확고히 새긴다. 마지막 칸에 목표를 달성한 순간의 자신의 모습을 묘사한다.
- **다른 사람들:** 가능한 한 많은 사람에게 자신이 이루고자 하는 목표를 이야기하고 그 목표를 달성하는 데 필요한 도움과 지원을 요청한다.

마지막 단계는 '실패를 효과적으로 활용하는' 과정을 포함한다.

⑫ **검토, 평가, 실패를 효과적으로 활용하기:** 매주 각 목표 달성에 대한 진행 상황을 평가한다. 만약 만족스럽다면 그대로 이어 가고 만족스럽지 않다면 통제 가능한 요소에 집중한다. 목표를 달성하기 위해 사용하고 있는 과정을 변경하거나 목표 자체를 수정한 뒤 다시 시도한다.

⑬ 모든 실수로부터 **계속 반복하고 배우면** 결국 모든 목표를 이룰 수 있을 것이다.

제7장

전문성 신장: 교육 맥락·학생·학교에 적합한 자신만의 ATL 기능 프로그램 설계하기

이 장에서 다룰 모든 내용은 그동안 내가 수천 명의 교사들에게 여러 차례 제공했던 전문성 신장(Professional Development: PD) 프로그램에서 가져온 것이다. 방문할 수 있는 학교의 수에는 한계가 있고, 이 자료를 온라인 학습으로 전달하는 것을 선호하지 않기 때문에, 원하는 사람이라면 누구나 이 프로그램을 활용할 수 있도록 자료를 공개하기로 했다. 이 자료를 활용하여 많은 학교의 교사가 ATL 프로그램 설계 과정에 참여할 수 있기를 기대한다.

이 장은 교사를 위한 **ATL 기능을 염두에 두고 가르치기**라는 전문성 신장(PD) 대면 워크숍의 전체 진행 지침을 제공한다. 또한 학교 내에서 많은 교사와 함께 작업하는 퍼실리테이터의 관점에서 작성했다. 이를 활용하면 자신의 학교에서 ATL 기능 프로그램을 설계하고 실행하기 위한 전문성 신장 프로그램을 구축할 수 있다.

이 장의 연습 활동은 역량 있는 퍼실리테이터라면 누구나 개별 단기 전문성 신장 세션으로 활용하거나 최대 4일간 학교 전체를 대상으로 진행하여 최종적으로 학교 내 ATL 기능 프로그램 실행을 위한 완전한 계획을 수립할 수 있다.

목적

자신만의 ATL 기능 프로그램을 설계할 때 가장 먼저 '왜?'라는 질문에 답할 수 있어야 한다. 학생을 위한 교육과정에 ATL 기능을 포함시키는 목적은 무엇인가? 물론 목적은 매우 다양할 수 있으며 자신과 학교에서 무엇을 가장 중요한 목적으로 선택하느냐에 따라 설계가 달라질 수 있다.

잘 설계되고 실행된 ATL 기능 프로그램은 다음과 같은 성과를 모두 달성할 수 있다.

- 전과목의 학습 성공률을 높인다.
- 형성 평가와 총괄 평가 그리고 중요한 시험에서 좋은 결과를 낼 수 있다.
- 학생의 자기 주도적 학습 능력을 향상시킨다.
- 학생에게 졸업 후 모든 형태의 측정 가능한 이점을 제공한다.
- 졸업 후 취업 시장에서 강력한 경쟁력을 발휘할 수 있다.
- 미래 지향적 사고를 지닌 학부모에게 효과적인 학교 홍보 방법이 된다.
- 국제 자격 인증 기관의 요구 사항을 충족할 수 있다.

이 모든 것이 가능하다면 어떻게 우선순위를 정할 것인가? 교사를 위한 첫 번째 연습 활동으로 이 목록을 함께 논의하며 생각나는 다른 목적들을 추가하면서 우선순위를 정하고 그중에 가장 중요한 목적을 선별하는 것이다. 이러한 과정은 합의에 도달하기 위한 좋은 ATL 연습이 될 것이다.

이렇게 내린 결정은 ATL 기능 프로그램의 설계에 영향을 미치게 된다. 앞서 설명했듯이 학생이 모든 ATL 기능에서 능숙해지도록 돕는 데 가장 중요한 목적은 12학년을 마칠 때쯤 모든 학생이 매우 유능하고 자기 관리형 학습자가 되도록 보장하는 것이다. 자기 관리형 학습자 양성을 가장 높은 목적으로 삼는다면 다른 모든 목적도 자연히 달성될 것으로 생각한다. 이는 내가 이 장을 이끄는 데 사용할 관점이다.

과제 1: 도전 학습 과제 해결을 위한 핵심 일반 ATL 기능 매핑하기

ATL 기능은 두 그룹으로 나눌 수 있다.

- 핵심 일반(core-generic) ATL 기능: 모든 학년의 학생이 전 과목을 효과적으로 학습하는 데 필요한 필수적인 사회적·정서적·조직적 기능 및 자기 관리 기능
- 과목별 ATL 기능: 특정 과목을 효과적으로 학습하는 데 필요한 기능

핵심 일반 ATL 기능은 1학년에서 12학년까지 모든 학년 수준에 걸쳐 매핑되고 실행되어야 한다. 이 기능은 학생이 매년 직면하는 학업적·사회적·정서적 도전을 성공적으로 이겨 내는 데 필요한 기능이다.

과목별 ATL 기능은 학생이 특정 과목을 배우기 시작하는, 보통 학교생활의 마지막 5~6년 동안 발휘된다. 특정 과목의 특성을 나타내는 ATL 기능들은 각 과목 과정을 통해 개발될 수 있으며 관련 과목에서도 사용할 수 있다. 핵심 일반 ATL 기능과 과목별 ATL 기능의 궁극적인 목표는 모든 12학년 학생이 성공적인 자기 관리형 학습자로 졸업할 수 있도록 하는 것이다.

ATL 프로그램 설계의 첫 번째 과제는 1학년에서 12학년까지 모든 학생이 직면할 도전 학습 과제를 매핑하는 것이며, 두 번째 과제는 이러한 과제를 성공적으로 해결하는 데 필요한 ATL 기능의 교수 계획을 세우는 것이다.

가장 효과적인 ATL 기능 프로그램 설계의 기본 원칙은 모든 학생이 특정 도전 학습 과제를 해결하는 데 필요한 ATL 기능을 사전에 반드시 훈련받도록 하는 것이다. 하지만 너무 일찍 훈련을 받아 그 기능을 잊어버리지 않도록 주의해야 한다. 즉, 도전 학습 과제를 시작하기 직전에 훈련하는 것이 가장 이상적이다.

이러한 도전 학습 과제는 보통 전환과 평가라는 두 가지 유형으로 나뉜다.

- 전환: 학생이 학년이 올라가면서 겪는 교육 및 학습 환경의 변화로 인한 어려움
  - 유치원에서 PYP(초등교육 프로그램)으로의 전환
  - PYP에서 MYP(중등교육 프로그램)으로의 전환
  - MYP에서 DP(디플로마 프로그램)으로의 전환
  - DP에서 고등 교육 또는 취업으로의 전환

이는 내가 '주요 단계(step-ups)'라고 부르는 전환점인데 더 높은 복잡성이나 학습 수준이 요구되며 이를 위해 새로운 ATL 기능이나 더 높은 수준의 ATL 기능이 필요할 수 있다. 학생이 새로운 학습 환경으로 이동하기 전에 자신이 속한 환경에서 성공하는 데 필요한 모든 ATL 기능을 갖추게 하는 것이 교사의 목표이다.

- 평가: 교수·학습 프로그램 내에서 주요 프로젝트, 형성 평가 및 총괄 평가로 인한 도전 과제로, 예를 들면 다음과 같다.
  - 전시회
  - 개인 프로젝트
  - MYP 온 스크린 시험
  - 고등학교 입학 시험

- 소논문
- DP 시험

각 주요 평가에서 성공하기 위해서는 다양한 ATL 기능이 필요하며 이 기능은 미리 준비되어야 한다.

1학년부터 12학년까지 모든 과정을 살펴보면 매 학년에 최소한 하나 이상의 중요한 도전 학습 과제가 존재하며 어떤 학년에는 여러 과제가 동시에 발생하는 경우도 있다. '연습 1'은 전 학년에 걸쳐 주요 전환과 평가 과제를 매핑하는 것이다.

우선 12장의 A1 용지를 준비해 각각 모든 학년을 표시하고 이를 교사들이 쉽게 접근할 수 있는 벽에 붙인다. 각 테이블에는 다양한 색상의 포스트잇을 충분히 준비한다.

연습 1. 전환기 도전 과제

① 학생의 전환 시기*를 정의한다. 예로는 다음 네 가지를 사용할 수 있다. '유치원 → PYP' 'PYP → MYP' 'MYP → DP' 그리고 'DP → 고등 교육 또는 직업 세계'
② 교사를 네 그룹으로 나눠, 각각 위의 전환점 중 하나를 선택하여 작업한다. 학생들이 겪는 도전 학습 과제는 주로 교수법 변화와 관련된다. 이는 교사 중심 학습에서 학생 중심 학습으로의 전환 그리고 학습해야 할 자료의 양과 복잡성 증가에서 비롯될 가능성이 크다. 학생들의 ATL 기능 발달 수준은 교수법 변화와 학습 자료의 수준에 맞춰야 하

* 역자주: 전환 시기란 학생이 교육 단계나 환경이 크게 바뀌면서 적응해야 할 변화가 많은 시기를 의미한다. 이때 학생은 새로운 학습 방식, 기대되는 태도, 책임감, 과제 유형 등에 적응해야 하며 교사가 이러한 도전 과제를 이해하고 지원 방안을 마련하는 것이 중요하다.

며, 이상적으로는 새로운 도전 학습 과제를 접하기 전에 준비되어 있어야 한다. 문제를 파악하는 것부터 시작해 보자.

③ 전환 과정에서 가장 달라지는 점과 가장 어려운 점이 무엇인지 기술한다.

④ 다음의 두 가지 목록을 작성한다.

- 줄어드는 것
- 늘어나는 것

⑤ 학생들에게 가장 중요한 세 가지 변화 또는 과제를 결정하고 이를 마커펜으로 작성하여 각 학년에 해당하는 페이지에 적는다.

연습 2. 평가 도전 과제

① 모든 교사를 12개 학년 수준별 그룹으로 재구성한다. 여러 학년을 가르치는 교사들은 이 연습에서 하나의 학년에 집중해야 한다.

② 각 그룹은 해당 학년의 학생에게 가장 중요한 프로젝트, 형성 평가 또는 총괄 평가가 무엇인지 논의하고 식별한다.

③ 학생의 관점에서 해당 학년에서 겪는 학습의 가장 큰 세 가지 도전 학습 과제가 무엇인지에 대해 합의점을 도출한다. 교사가 가장 중요하다고 생각하는 것이 아니라 학생이 가장 어렵다고 생각하는 것을 찾는 것이 중요하다.

④ 각 학년의 학생에게 가장 중요한 세 가지 도전 학습 과제를 정한 후 마커펜으로 작성하여 각 학년에 해당하는 페이지에 적는다.

연습 3. ATL 하위 기능

① 모든 교사가 갤러리 워크를 통해 종이에 적힌 각 학년의 내용을 읽고 12개의 종이를 모두 살펴보며 반복되는 내용을 찾는다. 반복되는 내용이 있다면 학생들이 직면한 도전을 더 자세히 살펴보고 각 학년에서 더 구체적으로 설명할 수 있는지 확인한다.

② 지금까지 모든 사람이 동의했는지 확인한다.

③ 이제 교사들을 2~3인 그룹으로 새롭게 재구성한다. 교사에게 자신의 담당 학년이 아닌 다른 학년의 교사와 2~3인 그룹으로 짝을 지어 각 학년에 해당하는 종이를 살펴보고, 각자 도전 학습 과제에 대해 핵심 질문에 답하도록 한다.

> 해당 학년의 학생이라면 이 도전 학습 과제를 성공적으로 극복하기 위해 어떤 ATL 하위 기능이 필요할까?

여기서 중요한 것은 교사가 기능을 설명할 때 학생이 정확히 무엇을 어떻게 해야 하는지 자세한 지침을 제공하는 것이다. '쓰기 기능'이 아니라 '요약 노트 작성하기' '과학 논문 작성하기' 등으로 '조사 기능'이 아니라 '연구 질문 만들기' '1차 자료 수집하기' 등으로 제공한다. ATL 하위 기능 수준에서 논의하며 단순 범주화로 끝내지 않도록 한다.

필요하다면 3장에서 다룬 프레임워크의 기능 설명을 참조하여 각 중요한 ATL 하위 기능을 설명하는 방법을 안내할 수 있다. 시험 준비 기능을 예로 들어 보겠다. 이러한 기능은 매우 일반적이며 모든 시험에 적용될 수 있지만, 필요한 시점에 정확히 제공되는 것이 중요하며 너무 일찍 제공되어서는 안 된다. 경험상 임박한 시험의 압박이 없는 상황에서 학생에게 시험 관련 기능을 가르치는 것은 대체로 비효율적이다. 그러나 적절한 시기에 가르친다면, 학생은 측정 가능한 결과에 변화를 불러올 수 있다는 것을 알기 때문에 기능을 사용하려는 내적 동기를 갖는다. 이러한 ATL 기능은 학생의 첫 번째 중요한 시험 3~6개월 전에 처음 가르친 다음, 이후 다른 시험에도 반복적으로 활용하고 업데이트할 수 있다.

지난 28년 동안 학생들에게 성공적으로 가르친 시험 관련 기능은 다음과 같다.

- 시간 및 과제 관리
  - 시험공부 계획표 만들기
  - 학습 일정 실행(정기적으로 검토 및 수정)
  - 이해력 및 장기 기억력 개발
  - 시험장에서의 기법 습득
- 자기 동기 부여 및 미루는 습관 극복
  - 불안감 및 시험 긴장 떨치기
- 수업 내용, 문서 및 비디오 자료의 핵심 요약
  - 효과적인 복습 노트 작성(관련 연습 활동은 6장의 141쪽 참조)

이 외에도 더 많은 아이디어를 떠올릴 수 있을 것이다. 학생이 특정 도전 학습 과제를 성공적으로 해결하기 위해 정확히 무엇을 할 수 있어야 하는지 그리고 언제 그 기능을 배워야 하는지 구체적으로 제시해야 한다.

학생이 주요 연구 과제를 수행하기 위해서는 또 다른 기능들이 필요하다. 다음은 소논문을 완성하는 데 필요한 ATL 조사 기능 중 일부이다. 보다 복잡성이 낮은 수준에서는 개인 프로젝트 및 전시회를 성공적으로 완료하는 데 필요한 ATL 기능들이기도 하다. 다음 기능은 언제 가르쳐야 할까?

- 연구 질문 개발
- 키워드 검색 전략 수립
- 효과적인 정보 검색
- 연구 과제에 적합한 도구 정하기
- 증거의 출처 평가
- 1차 및 2차 자료 구분
- 출처의 다양한 관점 이해
- 출처의 편향성 평가

- 지식 재산권, 학문적 정직성, 인용 및 참고 문헌 작성
- 정보 정리 및 저장
- 타당한 연구 논증 구성
- 피드백을 활용한 연구 평가

④ 교사들은 개별적으로 또는 짝과 함께 어느 학년의 도전 학습 과제에 대해서 "학생이 어떤 도전 학습 과제를 성공적으로 극복하기 위해 정확히 무엇을 할 수 있어야 하는가?" 라는 질문에 답할 수 있다. 그런 다음, 그것을 배우는 시점에 대해 생각하고 이를 포스트잇에 적어 해당 학년 종이에 붙인다.

⑤ 모든 종이에 충분한 포스트잇이 붙으면 작업을 멈추고 다시 한 번 모든 교사가 학습 갤러리 워크를 진행하도록 한다.

⑥ 12개의 모든 종이의 모든 메모를 읽고 중복 내용을 확인한다. 중복된 경우, 해당 기능이 처음 언급된 가장 낮은 학년을 찾아내고 이후 메모는 제거한다.

연습 4. 상위 열 가지 선정하기

① 다음 단계는 모든 교사를 다시 학년별 그룹으로 모으는 것이다.

② 학년 용지를 벽에서 떼어 내고 포스트잇을 모두 제거한다.

③ 포스트잇을 범주나 기능 군집으로 분류하고, 중복된 항목을 제거하며, 모든 항목이 동일한 세부 수준에 맞도록 조정한다.

④ 각 항목을 논의한 후 해당 학년에서 학생들이 학교에서 성공을 높이는 데 가장 중요한 순서로 우선순위를 정한다.

⑤ 학년별 상위 열 가지의 ATL 하위 기능 목록을 작성한다.

⑥ 이를 해당 학년 종이에 작성하고 다시 벽에 붙인다.

이 단계에서 학년별 그룹의 누군가가 네 개의 열로 구성된 스프레드시트를 만들어 그룹원들과 공유하는 것이 유용하다. 스프레드시트는 다음과 같은 형식을 따를 수 있다.

________학년			
상위 10가지 ATL 하위 기능	기초 역량	역량 연습	역량 숙달

⑦ 1열에 학년별 상위 열 가지의 ATL 하위 기능을 나열한다.

연습 5. 역량

이제 각 학년 그룹은 해당 학년의 상위 열 가지 ATL 하위 기능에 대해 역량을 개발하는 방법을 고민해 보자.

① 학년 그룹을 소그룹 또는 짝으로 나누어 열 가지 ATL 기능을 분담한다.

② 각 짝은 맡은 ATL 하위 기능에 대해 조사하고 다른 사람들이 해당 기능을 어떻게 가르치는지 찾아본다.

다음의 ATL 기능 숙련도 모델을 염두에 둔다.

기초 역량	역량 연습	역량 숙달
학생은 간단한 내용을 통해 해당 기능을 '어떻게 가장 잘' 사용하는지 배운다.	학생은 점점 복잡해지는 과목 내용을 활용하여 해당 기능을 연습하며, 필요할 때 언제든지 해당 기능을 사용할 수 있는 수준으로 나아간다.	학생은 교사의 도움 없이 교실 환경 밖에서도 효과적으로 해당 기능을 사용할 수 있다.

③ 학생이 해당 ATL 기능을 사용하는 데 있어 기초 역량을 달성할 수 있도록 가르치는 최적의 방법을 결정한다.

과제 2: ATL 수업 활동 설계하기

이전에 언급한 시험 준비와 관련된 기능을 예로 들어 설명해 보겠다. 학생이 효과적인 시험공부 시간표를 스스로 작성할 수 있도록 돕고자 한다면 이를 가르치기 위한 구체적인 수업을 설계해야 한다. 하지만 적절한 시기를 기다리는 것이 중요하다. 학생은 매우 실용적인 성향을 보여 어떤 기능이 즉각적인 이점을 제공한다고 느낄 때 이를 곧바로 활용하려는 경향이 있다. 따라서 학년말 시험 약 3개월 전에 다가오는 시험 준비를 기회로 삼아 시험공부 시간표를 효과적으로 작성하는 방법을 지도한다.

다음은 효과적인 시험공부 시간표 작성법을 가르치기 위한 수업 계획이다. 수업의 각 단계에서 학생은 요청된 활동을 수행하며 수업 시간 동안 실제로 자신만의 공부 시간표를 작성하게 된다. 이 계획을 활용할 수 있지만 제대로 완성하려면 한 차시 전체가 소요된다는 점을 명심해야 한다.

(이 연습과 함께 250개 이상의 ATL 기능 연습 활동은 『MYP 학습 접근 방법 학생용 워크북』 및 『DP 학습 접근 방법 학생용 워크북』에서 확인할 수 있다. 해당 워크북은 www.atlskills.com에서 제공되며, 자세한 내용은 lance@taolearn.com으로 이메일을 통해 문의할 수 있다.)

시험 계획 수립하기

효과적으로 공부하고 주요 총괄 평가(시험)를 준비하기 위해 충분히 공부하는 것은 시험 성과와 궁극적으로 성적에 가장 큰 영향을 미칠 수 있는 두 가지 중요한 요소이다. 이를 도울 수 있는 핵심 전략 중 하나는 시험공부 계획표를 만드는 것이다.

시험공부 계획표 만들기

1. 첫 시험 날짜를 기준으로 두 달 전부터의 달력을 만든다. 예를 들면 다음과 같다.

월요일	화요일	수요일	목요일	금요일	토요일	일요일
3월 13일	3월 14일	3월 15일	3월 16일	3월 17일	3월 18일	3월 19일
3월 20일	3월 21일	3월 22일	3월 23일	3월 24일	3월 25일	3월 26일

2. 학교 시험 일정에 따라 각 시험 날짜를 정확히 기록하고 시험이 오전인지 오후인지 확인한다.
3. 이제 다음과 같은 네 가지 중요한 결정을 내려야 한다.
   - 이 시험을 위해 공부할 것인가?
   - 그렇다면 언제부터 공부를 시작할 것인가?
   - 시작일부터 마지막 시험일까지 매일 공부를 할 것인가 아니면 쉬는 날을 정할 것인가?
   - 공부하기로 정한 날마다 공부에 몇 시간을 투자할 준비가 되어 있는가?
4. 시험공부는 첫 시험일로부터 두 달 전부터 시작하는 것이 이상적이다. 처음에는 짧은 시간이라도 점차 공부 시간을 늘려 가면 된다. 두 달 전부터 공부를 시작하면 첫 시험일까지 필요한 모든 공부를 충분히 할 시간을 확보할 수 있다.
5. 공부를 시작한 날부터 마지막 시험일까지 매일 공부할 것인지 아니면 쉬는 날을 정할 것인지 고민한다. 매일 공부를 하기보다는 일주일에 하루 정도는 반드시 휴식 시간을 가져야 한다. 달력에 공부하지 않을 날을 표시하되, 주당 하루를 넘지 않도록 한다. 만약 학

교 방학이 시험과 시험 사이에 있다면 방학 중에도 일부 휴식을 취하는 것이 좋다. 하지만 방학 기간의 절반 이상을 쉬지 않도록 한다.

6. 언제부터 공부할지 정한 후 그날 몇 시간 동안 공부할 것인지 시간을 기록한다. 단, 쉬지 않고 계속 공부하는 것은 피하고 적절한 휴식을 취해야 한다. 하루 종일 공부할 수 있는 날(예: 토요일)에는 다음과 같은 계획이 가능하다. 예를 들어, 오전에 2시간, 오후에 2시간, 저녁에 2시간을 공부하면 총 6시간의 공부 시간을 확보하면서도 하루 대부분의 시간을 쉬는 데 쓸 수 있다. 요령은 첫날부터 마지막 시험이 끝날 때까지 매일 공부하는 것을 최우선 순위로 정하고 정말 하고 싶은 다른 일을 하기 전에 먼저 끝내는 것이다. 노력은 통제할 수 있는 몇 안 되는 성공 요인 중 하나이며 노력은 시간 단위로 측정할 수 있음을 기억해야 한다. 시험 전뿐만 아니라 시험과 시험 사이의 시간에도 공부 시간을 포함시킨다.
7. **총 공부 시간**을 합산하여 기록한다.
8. 별도의 페이지에 모든 시험 과목을 우선순위에 따라 나열하고, 가장 많은 시간과 노력을 들여 공부해야 하는 과목을 목록의 최상단에 가장 적은 시간이 필요한 과목을 목록 하단에 배치하고, 나머지 모든 과목은 그 사이에 정렬한다.
9. **총 공부 시간**을 과목별로 나누되, 목록 상단에 적은 과목에 더 많은 시간을 할애하고 아래로 갈수록 적은 시간을 배정한다. 총 공부 시간이 7번에서 계산한 총 시간과 동일한지 확인한다.
10. 이제 각 과목에 투자할 시간을 정했으니 이제 언제 공부할지 결정해야 한다. 어떤 학습일에도 한 과목당 최소 1시간이나 2시간 정도로 공부하는 것을 권장한다.
11. 목록에서 첫 번째 과목의 공부 시간을 계산한 후 해당 과목 시험일

까지의 모든 일정에 균등하게 분배한다. 계획표에 해당 시간을 기록하고(예: 생물 2시간), 그다음 목록의 두 번째 과목, 이어서 세 번째 과목을 기록한다. 각 과목을 1~2시간 단위로 나누어 어떤 날에 공부할 것인지 일정에 정확히 작성한다. 각 과목을 적어도 매주 한 번씩 공부하고 있는지 그리고 시간 합계가 정확히 일치하는지 확인한다.

계획한 모든 내용을 공부하기에 시간이 충분한지 확인하려면 어떻게 해야 할까?

12. 시험 전에 공부할 각 과목의 강의 계획서(또는 교육과정) 사본을 구해 시험 전에 복습해야 할 총 주제의 수를 합산한다.
13. 각 과목에서 공부할 총 주제 개수를 해당 과목에서 공부할 수 있는 시간으로 나누면 주제/시간당 학습률이 나온다. 물론 이는 평균값을 제공할 뿐이며 어떤 주제는 다른 주제보다 훨씬 더 많은 공부 시간이 필요할 수도 있지만 대략적인 가이드를 제공한다.
14. 시험공부 계획표에 따라 공부를 시작할 때 공부하는 시간 동안 얼마나 많은 주제를 학습했는지 기록한다.
15. 기록한 실제 속도를 13번의 이론적 평균값과 비교하여 시험 전에 필요한 모든 주제를 다룰 시간이 현재 계획에 충분한지 확인한다.
16. 계획표에 시간이 부족하다면 정보 처리 속도를 높이거나 공부 시간을 늘린다. 반대로 필요한 시간보다 여유 시간이 많다면 휴식을 취한다.

계획표는 언제든 수정할 수 있도록 한다.

17. 특정 날에 어떤 이유로든 계획한 공부 시간을 완료하지 못했다면 가장 중요한 것은 해당 시간을 다른 날로 옮기는 것이다. 각 과목에 관한 공부 시간 목표를 반드시 준수한다.

시험공부 계획표는 목표를 달성하고 생활에 맞게 조정할 수 있는 유연하고 조정 가능한 일정이어야 한다.

연습 6. 기초 역량 단계

해당 학년의 소그룹에서 핵심 일반 ATL 기능을 가르치기 위한 연습을 설계하는 것이 목표이다. 학생이 특정 ATL 기능을 기초 역량 단계의 수준으로 달성하게 하려면 무엇을 해야 하는지 구체화한다.

① 하위 그룹에서 선택한 핵심 일반 ATL 하위 기능을 검토하고 해당 학년 수준에서 해당 기능 개발에 대해 논의한다.

② 다른 사람들이 해당 하위 기능을 연습, 지도, 교육 또는 모델링하는 방법을 조사한다.

③『MYP 학습 접근 방법 학생용 워크북』『DP 학습 접근 방법 학생용 워크북』 중 관련 연습을 읽는다.

④ 해당 학년의 교사가 기초 역량 단계에서 사용할 수 있는 연습 문제를 설계하거나 찾는다.

⑤ '기초 역량' 열의 올바른 텍스트 상자에 간단한 메모를 작성하거나 스프레드시트에서 참조할 내용을 입력한다.

과제 3: 숙달의 정의

모든 ATL 기능 수행에 있어 지향하는 목표를 자기 관리라는 철학에 맞추려면 그 다음 단계로 각 ATL 하위 기능의 숙달을 어떻게 정의할지 정해야 한다. 숙달을 정의하는 방법은 여러 가지가 있지만 다음과 같은 가장 간단한 정의를 사용할 것을 제안한다.

> 12학년 졸업생이 학교를 떠날 때 해당 기능에서 도달해야 하는 숙련도는 어느 정도였으면 좋겠는가?

12학년 졸업생이 무엇을 할 수 있기를 기대하는가? 예를 들어, 시간 및 과제 관리의 경우 ATL 기능 프로그램의 최고 목적이 자기 관리 학습이라고 가정한다면 12학년 학생들이 졸업할 때쯤에는 다음과 같은 수준에 도달하기를 바랄 수 있다.

> 모든 시간을 현명하게 계획하고 사용하며 알림이나 도움 없이도 모든 작업을 독립적으로 완수할 수 있다면 해당 ATL 기능을 사용하는 것이 전문가 수준에 도달했음을 알 수 있다.

학생이 숙달을 입증하기 위해 할 수 있기를 기대하는 구체적인 행동에 초점을 맞춘다.

연습 7. 역량 숙달 단계

① 학년별 그룹으로 돌아가 ATL 하위 기능에서 숙달을 이루는 것이 무엇인지 정한다. 졸업하는 12학년 학생들이 각 ATL 하위 기능에서 도달해야 하는 숙련도를 정의하고 졸업생들이 무엇을 할 수 있기를 원하는지 구체적으로 논의한다.

② ATL 스프레드시트의 '역량 숙달' 열로 이동하여 숙달에 대한 정의를 작성한다.

(『MYP 학습 접근 방법 학생용 워크북』 및 『DP 학습 접근 방법 학생용 워크북』에는 전체 ATL 기능 교육과정의 120개 이상의 하위 기능에 대한 숙달 문장이 작성되어 있다. 이 책이 있다면, 관련 숙달 문장을 그대로 복사하여 사용할 수 있다. 자세한 내용은 www.atlskills.com 또는 lance@taolearn.com으로 이메일을 통해 문의할 수 있다.)

과제 4: 역량 연습 단계 설명하기

특정 ATL 하위 기능의 기초 역량 단계를 개발하기 위해 해당 학년에서 학생들이 무엇을 하기를 원하는지 기술하고, 12학년 말까지 이룰 수 있는 가능한 최고의 성과를 정의한 후, 과목 수업에서 특정 핵심 일반 ATL 하위 기능의 개발 과정에 대해 생각해 볼 수 있다. 학생들이 이미 해당 하위 기능에서 기초 역량을 갖췄다고 가정하고 모든 과목 수업에서 어떤 방식으로 교사들이 이 기능을 연습하도록 할 수 있을지 고민한다.

연습 8. 역량 연습 단계

① 모든 교사가 모든 과목에서 특정 ATL 하위 기능을 연습하는 데 사용할 수 있는 일반적인 연습을 기술한다.

② 해당 연습을 스프레드시트의 '역량 연습' 열에 작성한다.

과제 5: 학년 간 조율

이제 각 학년의 스프레드시트는 학교의 열의 있는 데이터 담당자나 팀이 전체적으로 처리해야 한다.

도전 과제는 모든 학년 그룹의 다양한 의견을 수렴하여 12학년까지의 전체 과정에서 조화를 이루고 각 ATL 하위 기능이 모든 학생에게 핵심 일반 ATL 기능의 발전적 연속체로 자리 잡을 수 있도록 하는 것이다. ATL 하위 기능이 학생의 지식 개발처럼 연속적으로 발전하도록 설계한다. 그러나 ATL 기능은 외부 검증이 아닌 자기 평가를 통해 향상 정도를 확인한다.

이 관점을 통해 보면 ATL 기능은 학생의 전체 교육을 관통하는 연속적 요소가 된다. 과목의 성격과 복잡성은 계속 변하지만 ATL 기능은 동일하게 유지된다.

연습 9. 종합 목록

① ATL에 열의를 가진 전담 그룹이 모든 학년의 12개 스프레드시트를 통합하여 하나의 스프레드시트를 완성해야 한다.

② 이 작업을 위해서는 ATL 기능을 각 기능 범주별로 분류하여 모든 학년에 걸친 ATL 기능 범주의 전체 개발 과정을 체계적으로 정리해야 한다. PYP, MYP, DP에서 활용할 수 있는 기본적인 틀로는 다음의 14가지 범주를 제안한다.

- 조직화 기능
- 인성 기능
- 언어 기능
- 그룹 기능
- 조사 기능
- 컴퓨팅 사고 기능
- 아이디어 생성 기능
- 공부 기능
- 메타인지 기능
- 매체 활용 기능
- 대인 관계 기능
- 비판적 사고 기능
- 의사결정 기능
- 적응적 사고 기능

③ 교사들이 기술한 연습 활동들을 기능 범주별로 그룹화하고 각 범주 내에서 학년 전반에 걸쳐 기능 개발이 일관되고 연령에 적합한 방식으로 이루어지도록 정리해야 한다.

과제 6: 누가, 언제, 어떻게

전 학년을 아우르는 모든 핵심 일반 ATL 기능의 일련의 교수 활동을 준비한 후에는 누가, 언제, 어떻게 각 활동을 가르칠지 고려해야 한다. 다음의 몇 가지 선택지가 있다.

- 독립형 프로그램: 핵심 일반 ATL 기능 활동을 교과 수업과 별도로 운영하며 이를 '공부 기능' 교육과정으로 구성한다. 이 경우 한 명 이상의 교사

가 공부 기능 프로그램을 맡아 각 학년의 도전 학습 과제에 맞춰 프로그램을 설계하고 가르칠 책임을 진다.

- 교사 선택: 모든 교사가 스프레드시트에서 필요한 핵심 일반 ATL 기능 활동을 선택하고 필요하다고 판단되는 시점에 정규 수업 시간 중에 가르치거나 사용한다.
- 중앙 계획: 부서와 개별 교사가 협력하여 특정 ATL 기능 활동을 정규 교과 수업에 체계적으로 가르치는 역할을 맡는다.

이 모든 선택지를 논의하고 적합한 접근 방식을 결정한 후 스프레드시트의 모든 연습 활동을 해당 방식에 따라 배정한다. 어떤 방식을 선택하든 ATL 기능 완료 데이터는 교사들 간에 공유되어야 한다. 특히, 어떤 학생 그룹에게 어떤 ATL 하위 기능이 명시적으로 지도됐는지(**기초 역량 단계**)는 모든 교사가 디지털 방식으로 공유해야 한다. 최종 스프레드시트를 모든 교사가 공유하는 문서로 만들어 각 과목 교사가 어떤 핵심 일반 ATL 하위 기능을 언제, 어떤 학생에게 가르쳤는지 확인할 수 있도록 한다. 이를 통해 교사는 해당 과목 수업에서 학생들이 해당 기능을 사용하여 **연습**할 수 있는 시기를 알 수 있다.

과제 7: 활동 지도하기

학교에서 명시적인 ATL '공부 기능' 프로그램을 실행하기로 했다면 ATL 기능을 가르치는 것이 해당 프로그램의 내용이 되며 전담 교사가 학교의 모든 학생에게 전체 프로그램을 지도할 수 있다. ATL 기능 활동 전체 교육과정은 『MYP 학습 접근 방법 학생용 워크북』 및 『DP 학습 접근 방법 학생용 워크북』을 사용하여 가르칠 수 있으며 교사는 학생이 특정 도전 학습 과제에 대처하는 데 필요한 기능을 지도할 수 있도록 자체적으로 활동을 개발할 수도 있다.

특정 ATL 기능이 명시적으로 지도된 후(기초 역량 단계) 모든 교사에게 그 사실이 공유되면 모든 교사가 다양한 과목 수업에서 점차 복잡한 학습 내용을 활용해 학생이 해당 기능을 연습하도록 하는 것이 비교적 간단해진다. 이후 모든 교사의 과제는 각 ATL 기능을 학생의 기능 및 과목 발달에 적합한 시기에 맞춰 과목 수업에 통합하여 연습을 제공하는 것이다.

학교에서 핵심 일반 ATL 기능의 첫 번째 사용을 과목 교사들이 각 과목 수업 내에서 가르치도록 하고 싶다면 다음 세 가지 방식을 고려할 수 있다.

스프레드시트의 각 기초 역량 단계 연습 활동을 가져온다.

1. 수업 전날 숙제로 사용할 기능 연습 활동을 정하고, 수업 시작 전에 학생들에게 기능 사용의 핵심 사항을 숙고하게 한 다음, 수업에서 기능을 연습하게 한다.
2. 수업 초반에 기능 연습 활동을 완료하게 하고 수업 중에 해당 기능을 연습하도록 한다.
3. 기능 연습 활동을 중심으로 수업을 설계한다.

과제 8: 과목별 ATL 기능 선택하기

핵심 일반 프로그램을 마련한 후 과목별 ATL 기능에 대해 고민할 수 있다. 앞서 언급했듯이 모든 핵심 일반 ATL 기능은 독립적인 프로그램으로 설계하고 실행하기에 적합하지만 과목별 ATL 기능은 적절한 과목 수업 내에서만 지도·연습·개발될 수 있다.

과목별 ATL 기능은 다음과 같다.

- 특정 사고 및 학습 기능으로 개별 과목의 특성을 나타내며 그 과목의 자연스러운 일부로 여겨진다.
- 해당 과목에서 학업적 성공을 이루는 데 중요한 이점을 제공하는 사고 및 학습 방식이다.

중요한 점은 대부분의 교사가 이러한 기능을 특정 기능으로 인식하지 못할 수 있다는 것이다. 교사에게 이는 종종 일반적인 과목 지도 과정의 일부로 여겨진다. 과목 교수법의 전문성을 기반으로 한 사고 및 학습 기능으로 명시적으로 인식되지 않을 수 있다.

초등학교 5~6학년 정도부터는 대부분의 교사가 일반 교사(generalists)가 아닌 교과 전담 교사(specialists)가 되어 특정 과목을 가르치는 데 큰 장점이 되지만 때로는 사각지대가 생기기도 한다. 즉, 교과 전담 교사라면 자신이 가르치는 과목을 가르치는 데는 그럴 만한 이유가 있다는 것이다. 물론 그 과목이 당신이 대학에서 전공한 분야일 것이겠지만 그 이면에는 그 과목을 선택해 전공하게 된 분명한 이유가 있었을 것이다. 교사가 특정 과목을 선택한 대부분의 이유는 그 과목에 매료되었기 때문이며 이는 그 과목을 학습하며 경험한 성공 때문일 것이다. 자신 없는 과목에 대한 자격증을 취득하기 위해 등록하는 사람은 많지 않을 것이다. 일부는 지적 도전을 즐기기 위해 어려운 과목을 선택할 수 있지만 대부분은 선택한 과목이 흥미롭고 상대적으로 배우기 쉬우므로 그 과목에 매력을 느낀다고 생각한다. 이처럼 학습의 용이함은 교사에게 사각지대를 형성할 수 있다. 과목 전문 교사는 자신의 과목을 흥미롭지 않게 느끼거나 학습에 어려움을 겪는 학생들의 상황을 이해하는 데 어려움을 겪을 수 있다. 따라서 과목별 ATL 기능을 선택하는 첫 번째 기준은 '내 과목을 학습하는 데 어려움을 겪는 학생들에게 필요한 기능은 무엇인가?'이고, 두 번째 기준은 '내 과목에서 학생들의 최소 성취 수준을 보장하는 데 도움이 되는 기능은 무엇인가?' 일 수 있다.

이러한 영역을 탐구하는 데 관심이 있는 경우 교사가 과목 그룹으로 다음 연습을 진행하도록 할 수 있다. 이 연습은 학교 전체 전문성 신장 프로그램의 일환으로 할 수도 있고 개별 과목 또는 교과군에서 별도로 진행할 수 있다. 학교 전체를 대상으로 하는 경우 5~6학년 이상의 모든 교사에게 소그룹을 구성하도록 요청해야 한다. 물론 많은 교사가 두 개 이상의 과목을 가르치기 때문에 다소 어려울 수 있지만 가능하면 자신이 가장 중요하게 여기는 과목 그룹을 선택하고 함께 작업한다.

과목별 ATL 기능은 특히 MYP와 DP 교사들에게 가장 중요하게 적용된다. 이 시점에서 PYP 교사들은 다른 교사들과 분리되어 스프레드시트에 있는 핵심-일반 ATL 하위 기능을 적절한 시기에 수업에서 연습하고 발전시키는 작업을 계속 진행할 수 있다.

이후, MYP 및 DP 교사들은 과목별 그룹으로 모여 다음의 질문을 논의하고, 가장 중요한 과목별 ATL 기능을 정의하기 위한 활동을 완료한다.

연습 10. 당신의 기능

① 짝과 함께 다음 질문을 논의한다.

- 자신이 가장 많이 공부했고 현재 가르치고 있는 과목은 무엇인가?
- 처음 이 과목을 배우게 된 계기는 무엇인가?
- 해당 과목을 숙달하기 위해 무엇을 배우고 어떻게 해야 했는가? 다시 말해, 그 과목을 성공적으로 학습하는 데 필요했던 핵심 사고 및 학습 기능은 무엇인가? 해당 과목에서 성공하기 위해 정보를 분석하거나 글을 작성하는 데 특정한 방식이 필요했는가? 예를 들어, 전통적인 과학 과목에서의 정량적 분석이나, 사회 과학 과목에서의 정성적 분석, 과학 보고서나 사업 보고서 작성 방식 등이 여기에 해당될 수 있다.

② 해당 기능을 목록으로 정리한다.

대부분의 과목 평가에서 성공적인 학습은 학생의 답변을 통해 다음을 입증하는 것으로 나타난다.

- 지식의 증가
- 기능의 향상
- 의미 형성 및 이해의 달성
- 이해, 지식 및 실질적인 기능을 전이할 수 있는 능력

각 질문 유형을 성공적으로 답하기 위해 각기 다른 ATL 기능들이 필요하다.

연습 11. 평가되는 것은 무엇인가?

① 자신이 가르치는 과목에서 최근에 실시된 중요한 총괄 평가 또는 과제를 찾아본다.

② 출제된 문제를 분석하여, 질문이 다음의 네 가지 평가 범주 중 어느 범주에 해당하는지를 판단하고, 각 범주가 총 점수에서 차지하는 비율을 결정한다.

③ 같은 과목을 가르치는 다른 교사와 협력하여 각 질문을 차례로 살펴보고 질문이 주로 학생에게 지식, 기능, 이해 또는 전이를 요구하는지 판단한다. 다음에 제시한 '지시어'를 참고하여 분류한다.

④ 평가 전체를 분석한 뒤 전체 문항에서 각 평가 범주가 차지하는 비율을 대략 계산한다.

⑤ 다음과 같은 표를 작성하여 적절한 값을 기입한다.

평가 기술어	지식(%)	기능(%)	이해(%)	전이(%)

⑥ 분석 결과를 바탕으로 학생이 이 평가에서 높은 성취를 얻는 데 필요한 ATL 기능을 식별한다. 이 분석을 바탕으로 두 번째 과제는 '학생이 이 지문의 질문에 답하는 데 어떤

ATL 기능이 유리할지 파악하는 것'이다. 이에 대한 도움을 얻고자 한다면 다음에 제시된 몇 가지 관련 ATL 기능 예시를 참고할 수 있다.

질문 유형	지시어	연관된 ATL 기능
지식	무엇을, 언제, 어디서, 누가, 파악하시오, 정의하시오	회상, 기억 과정, 복습 활동, 기억 기법 연습
기능	사용하시오, 표현하시오, 결합하시오, 분리하시오, 수행하시오	컴퍼스, 각도기, 측량기, 현미경, 붓, 소프트웨어 등 도구 사용
이해	구분하시오, 분석하시오, 조정하시오, 만드시오, 번역하시오	비판적 분석, 비판적 읽기, 논리 전개, 관점과 편향 인식, 창의적 사고, 패턴 인식
전이	적용하시오, 관련지으시오, 연결하시오, 교환하시오, 연결점을 찾으시오	내용 변경, 맥락 변경, 다른 상황이나 환경에 적용

⑦ 짝과 토론하고 답을 비교한다.

⑧ 해당 기능을 목록으로 정리한다.

이러한 작업을 완료한 모든 교사는 '목록 1'과 '목록 2'의 기능을 통합하여 하나의 종합 목록을 작성한다.

우리가 이미 과목별 기능과는 별도로 가르치기로 한 핵심 일반 ATL 기능을 정의했음을 염두에 두고, 다음 단계는 이 새로운 목록을 검토하여, 핵심 일반 ATL 기능 프로그램에서 이미 다룰 예정인 기능들을 제외하는 것이다.

연습 12. 상위 열 가지 선정하기

① 각 과목의 교사들은 협력하여 결합한 종합 목록을 분석하고 각 과목에 적합한 상위 열 가지의 ATL 과목별 기능을 선정한다.

② 이후 선정된 목록은 벽에 게시하거나 디지털 형식으로 공유하여 중복 항목을 분석한다.

③ 여러 과목에서 동일한 ATL 기능을 가르치고 연습하며 발전시키는 것은 문제가 없지만 중요한 점은 이러한 기능들을 동일한 방식으로 가르쳐야 한다는 것이다.

연습 13. 지도 활동

① 활동에 적합한 스프레드시트를 생성하여 과목 그룹의 모든 구성원과 공유한다.

② 과목별 상위 열 가지의 ATL 과목별 기능을 그룹 구성원들에게 분배한다.

③ 조사를 통해 다른 사람들이 해당 하위 기능을 어떻게 연습, 지도 또는 '가르치고' 있는지 알아본다.

④ 숙달의 정의를 명확히 한다. 즉, '졸업하는 12학년 학생이 학교를 떠날 때 기대하는 해당 기능의 숙련도 수준은 무엇인가?'를 정한다.

⑤ 학생이 해당 과목 내에서 ATL 기능을 연습하고 발전시킬 수 있도록 교사가 사용할 수 있는 활동을 설계하거나 찾아낸다.

ATL 기능을 가르치는 데 사용되는 모든 활동은 학생 워크북에서 가져올 수도 있고 교사가 학생이 특정 도전 학습 과제를 극복하는 데 필요한 기능을 가르칠 수 있는 고유의 활동을 직접 설계할 수도 있다.

연습 14. 종합 목록 2

① 각 과목 그룹의 스프레드시트를 학교에서 열의를 가진 데이터 담당자 또는 팀이 전체적으로 통합해 처리해야 한다.

모든 과목 그룹의 입력 데이터를 수집하고, 이를 모든 관련 학년에 걸쳐 조화롭게 정리하여, 각 ATL 하위 기능이 모든 학생을 위한 발전적 연속체로 설계되도록 만드는 것이 과제이다.

이 시점에서 필요한 것은 동일한 ATL 기능을 가르칠 계획이 있는 다른 과목의 교사들이 모여 해당 기능을 어떻게 가르칠지, 어떤 연습 활동을 사용할지 구체적으로 논의하고, 교수 방법이 조화를 이루도록 하는 것이다.

다음으로 모든 교사가 해야 할 과제는 각 ATL 기능을 학생의 기능 발달 및 과목 학습 단계에 적합한 시기에 과목 수업에 통합하여 연습 활동으로 구현하는 것이다.

연습 15. 수업에서의 활용

① 개별 단원과 수업 계획을 분석하여 학생이 ATL 기능 연습 활동을 수행하거나 성찰할 기회를 찾는다. 예를 들어, 타인과 협력하기, 경청하기, 조사하기, 증거 비교 및 대조하기, 아이디어 생성하기, 논거 전개하기 등을 수업 활동으로 포함한다. 이후 다음 중 하나의 방식으로 ATL 기능을 연습시킨다.

- 수업에서 활용할 ATL 기능 연습 활동을 학생들에게 전날 밤 숙제로 제시한다. 수업 시작 시, 해당 기능 사용의 핵심 요점에 대해 성찰하게 한 후 수업에서 해당 기능을 연습시킨다.
- 수업 초반에 ATL 기능 연습 활동을 완료하게 한 후 수업 중에 해당 기능을 활용해 연습시킨다.
- ATL 기능 연습 활동을 중심으로 수업을 설계한다.

마지막 질문은 개별 교사가 수업에서 학생에게 연습 및 발전시킬 과목별 ATL 기능을 어떻게 선택할 것인가이다. 이를 결정하는 방법은 여러 가지가 있으며, 다음 두 가지가 가능하다.

- 교사 선택 방식: 각 교사가 자신의 과목에서 학생들이 가장 필요하다고 여기는 과목별 상위 열 가지의 ATL 하위 기능을 선택하여 수업에 해당 기능 연습을 통합한다.
- 중앙 계획 방식: 모든 부서의 과목별 상위 열 가지의 ATL 하위 기능을 학교 전체(6~12학년)로 매핑하여 각 부서가 서로 다른 ATL 기능의 도입과 개발을 책임진다. 각 부서 내 개별 교사가 부서에서 선정한 ATL 기능을 단원 및 수업 계획에 반영할 책임을 맡는다.

ATL 기능을 가르치고 발전시키는 데 어떤 접근 방식을 취하든 궁극적인 목표는 동일하다. 자기 관리 학습 능력을 갖춘 학습자의 양성이 바로 그것이다.

제8장

자기 관리 학습자 양성하기

앞서 설명했듯이, 모든 학생이 미래의 다양한 도전에 최대한 잘 대처할 수 있도록 하기 위해서는 12학년을 마칠 때까지 모두가 높은 역량을 갖춘 자기 관리 학습자가 되어야 한다.

자기 관리 학습자는 다음을 효과적으로 할 수 있는 사람을 의미한다.

- 자신의 학습 목표 설정
- 학습 계획 수립
- 좋은 질문
- 학습 중 자기 점검
- 자기 동기 부여, 끈기 발휘
- 다양한 학습 과정 시도
- 마감일 준수
- 자신의 학습 효과 점검
- 성과
- 필요한 경우, 학습 과정 변경[1][2][3][4]

이 목표를 달성하려면 학생이 12학년을 마칠 때까지 모든 핵심 ATL 기능을 배우고 연습하고 발전시켰는지 반드시 확인해야 한다. 이 과정은 저절로 이루어질 수 있는 것이 아니라 교사에 의해 지속적으로 강화되어야 한다. 예를 들어, 학생이 12학년이 될 때까지 시간과 과제 관리를 훌륭히 해낼 수 있도록 싶다면 학년이 올라갈수록 학생에게 시간과 과제 관리에 대한 책임을 더 많이 부여해야 한다. 이는 12학년에 도달했을 때 교사의 역할이 단순히 학생 개개인의 진행 상황을 확인하고 제 시간에 과제를 제출하도록 지속적으로 상기시키는 것이 아니라 마감일을 설정하고 강화하는 것이어야 함을 의미한다. 즉, 과제를 제때 끝내는 책임은 교사가 아니라 학생에게 있어야 한다. 결국, 우리의 목표가 학생이 진학 및 취업을 효과적으로 준비하는 것이라면 우리는 학생이 자신의 행동에 책임을 지고 학습 과제의 질을 정확하게 점검할 수 있도록 지도할 책임이 있다. 자기 관리를 잘하는 학생은 그렇지 않은 학생보다 어떤 직업을 갖든 업무에서 상당한 우위를 점할 수 있다.

하지만 학생은 타인의 요구에 따라 자기 관리 학습자가 되지 않는다. 스스로 학습을 성공적으로 관리하기 위해 많은 연습이 필요하며 이를 성공적으로 해내기 위해서는 학교 시스템에서 올바른 기능을 발전시킬 수 있도록 유도하는 동기가 필요하다. 하지만 학생이 자기 관리 학습자가 되는 것을 과연 학교에서 높이 평가하고 있을까? 아마도 그렇지 않을 것이다. 대부분의 학교에서는 가장 높은 성적, 점수, 등급을 가장 중요하게 생각할 것이다. 이 책에서 내가 설명하는 교육 철학을 따르고 싶다면 어떻게 하면 자기 관리 학습을 모든 학생이 열망하는 목표로 삼을 수 있을지 고민하는 것이 핵심 질문이 될 것이다.

학생이 학년이 올라갈수록 가장 원하는 것이 무엇인지 생각해 보면 더 많은 통제력, 더 많은 자유, 더 많은 선택권이라고 생각한다. 그동안 경험했던 대부분의 12학년 학생은 출발 게이트 뒤에 있는 경주마처럼 자신의 삶을 스스로 통제하고 자신의 미래를 개척해 나갈 에너지로 가득 차 있는 것처럼 보였다.

이는 매우 긍정적인 힘이라고 보며 교사로서 우리는 학생이 학교에서 고학년이 될 때까지 이 세 가지를 가능한 한 많이 학습시켜 통제력, 자유, 선택권에 대한 열망을 활용할 수 있다고 생각한다.

자기 관리 기능 개발을 위한 교수 전략

자기 관리 학습자를 양성하기 위한 효과적인 교수 전략 중 하나는 학급의 학생들을 자기 학습 능력에 따라 세 그룹으로 나누는 것에서 시작된다.

- 높은 수준의 자기 관리 학습자: 지시를 잘 따르고, 자신의 시간과 과제를 관리하며, 스스로 동기를 부여하면서도 필요할 때 질문할 준비가 되어 있다. 또한 교사의 직접적인 지도가 거의 없어도 학습 과제를 대부분 스스로 완수하는 학생을 말한다. 이러한 학생은 종종 혼자 공부하거나 원격 학습을 할 때 자신이 소화할 수 있는 속도에 비해 교사 주도 수업의 학습 속도가 너무 느려 흥미를 잃거나, 불안을 느끼며, 학습 성과가 저하될 가능성이 있다.
- 중간 수준의 자기 관리 학습자: 지시에 따라 과제를 완료하는 것은 어느 정도 능숙하지만 높은 수준의 자기 관리 학습자 학생보다 교사의 피드백을 더 원하는 학생이다.
- 낮은 수준의 자기 관리 학습자: 지속적인 점검이 필요한 학생으로 스스로 생각하기보다는 교사에게 질문하고 학습 과제를 완료하기 위해 지속적인 지도와 도움이 필요한 학생이다.

이와 같이 그룹을 나눴다면 다음 단계는 모든 학생이 동일한 연구 프로젝트에 참여하여 지정된 시간 내에 구체적인 학습 목표를 생성할 수 있는 탐구 학습 환경을 설정하는 것이다.

그런 다음, 수업 계획을 두 가지 형태로 준비한다.

- 자기 주도 연구 활동
- 수업 중 교사가 주도하는 연구 활동

그 과정은 다음과 같다.

- 높은 수준의 자기 관리 학습자 그룹: 학생들에게 자기 관리형 연구 활동 지침, 학습 목표 및 시간 틀을 제공하고 학습 목표를 완료하는 데 걸리는 시간 동안 나머지 학생들과 독립적으로 작업할 수 있도록 허용한다. 교실 뒤쪽에서 독립된 그룹으로 작업하거나 원하는 경우 도서관이나 교사가 감독할 수 있는 학습 공간으로 이동하여 원격으로 소그룹 또는 개별적으로 학습 과제를 완료할 수 있도록 허용할 수 있다.
- 중간 수준의 자기 관리 학습자 그룹: 학생들에게 높은 수준의 자기 관리 학습자 그룹과 동일한 지침을 제공하되, 교실에 남아서 질문에 답하고 필요한 경우 도움을 준다. 특히, 자기 관리 학습에 필요한 모든 ATL 기능을 개발하는 데 도움을 준다.
- 낮은 수준의 자기 관리 학습자 그룹: 학생들에게 수업 중 교사 주도 연구 활동을 제공하고 동일한 시간 내에 같은 학습 목표를 달성하기 위해 학생들과 직접 협력하되 교사 주도 활동으로 진행한다.

모든 학생은 동일한 시간 내에 완료해야 하는 공동 학습 목표가 명확하게 지정되어 있다.

이러한 상황을 교실에서 구현해 본다고 상상해 본다면 어떤 결과가 나올 것 같은가?

- 높은 수준의 자기 관리 학습자 그룹: 학생들은 자유와 선택권이 주어지면 내적 동기가 생기고 그 결과 우수한 성과를 낸다. 그러나 주어진 시간 안에 학습 목표를 달성하지 못하면 다음날 중간 수준의 자기 관리 학습자 그룹으로 이동하게 된다.
- 중간 수준의 자기 관리 학습자 그룹: 학생들은 높은 수준의 자기 관리 학습자 그룹의 학생들이 자신들보다 더 많은 자유와 선택권을 누리는 것을 보게 되며 자신들도 해당 그룹으로 들어가기 위해 강한 동기를 갖는다. 이 수준의 학생들은 자기 관리 학습에 필요한 핵심 기능을 갖췄을 때에 높은 수준의 자기 관리 학습자 그룹으로 이동할 수 있다.
- 낮은 수준의 자기 관리 학습자 그룹: 학생들은 최소한 중간 수준의 자기 관리 학습자 그룹으로 이동할 수 있을 만큼 자기 관리 학습의 ATL 기능을 충분히 숙달하도록 동기를 부여받게 된다.

이 활동을 통해 다음과 같은 결과를 얻을 수 있을 것이다.

- 평소 지루해하고 성취도가 낮으며 때로는 문제 행동을 보이던 높은 수준의 자기 관리 학습자 그룹의 학생들이 몰입하고 동기를 부여받으며 더 이상 성취도가 떨어지지 않는다.
- 교사가 관리해야 할 학생 범위가 효과적으로 줄어든다.
- 교사는 정말 주의가 필요한 학생들에게 집중할 수 있게 되며 이들에게 자기 관리 학습을 위한 ATL 기능을 개발하도록 지도할 수 있게 된다.
- 중간 수준의 자기 관리 학습자 그룹과 낮은 수준의 자기 관리 학습자 그룹의 학생들은 자기 관리 학습을 위한 ATL 기능을 향상시키기 위해 강력한 동기를 가지게 되며 더 많은 선택권과 자유를 누릴 수 있는 그룹으로 이동하려는 의지를 갖게 될 것이다.
- 자기 관리 학습자가 되는 것은 모든 학생에게 높은 수준의 목표가 된다.

12학년이 끝날 때 모든 학생이 자기 관리를 잘하는 훌륭한 학습자가 되어 학교를 졸업할 수 있다면 학생들이 이후 선택한 모든 일에서 평생 지속될 수 있는 궁극적인 이점을 제공한 것으로 생각한다.

> 학습자로서 자신을 더 잘 인식하고 자신의 지적 활동을 더 잘 관리할 수 있는 학생은 학습, 문제 해결 및 전이를 하는 데 더 성공적이며, 전반적인 학업 능력에서 더 뛰어난 성과를 보인다.[5,6]

자기 관리 학습자는 자기효능감이 더 높으며[7] 학업 시험에서 더 나은 성적을 거두고 동일한 기능을 갖추지 못한 학생에 비해 더 높은 학업 성취도를 달성한다.[8]

교사의 역할 변화

앞서 설명한 대로 과정 중심의 기능 기반 수업으로 전환하려면 교사는 자신의 역할을 촉진자로 변화시키고 학생은 보다 탐구적인 역할을 할 수 있도록 준비해야 한다. 교사는 다음과 같은 새로운 흥미로운 여러 역할을 맡을 것을 예상해야 한다.

- **진단자로서의 교사:** 교사는 각 학생의 ATL 기능 발달 수준을 파악하고 점점 더 복잡해지는 과목 이해에 맞게 학생의 기능이 발전하고 있는지 확인해야 한다.
- **도전자로서의 교사:** 교사는 학생에게 새로운 ATL 기능을 시도하도록 끊임없이 도전하고, 학습 전략을 다양한 맥락으로 전이하고, 학습 기능 숙련도가 계속해서 향상될 수 있도록 학습 활동의 난도를 지속적으로 높여야

한다.

- **모범 학습자로서의 교사:** 교사는 자신의 과목 영역 내에서 지식 습득과 구성에 필요한 ATL 기능, 기법 및 전략을 시범 보이며 학생이 도달해야 하는 기준을 명확히 이해할 수 있도록 해야 한다.
- **활성자로서의 교사:** 학생이 특정 ATL 기능의 방법과 사용을 명확히 이해한 후 교사는 학생이 해당 기능을 적용하여 특정 과목 내용을 학습하도록 유도하며, 기능 활용을 활성화해야 한다.
- **점검자로서의 교사:** 학생이 자신의 학습 관리에 능숙해지기 시작하면 교사의 역할은 학생이 사용하는 전략의 효과를 점검하고 설정된 학습 목표 및 평가 기준과의 연결 고리를 유지하는 데 도움을 주는 역할로 바뀐다.
- **관찰자로서의 교사:** 학생이 자기 평가를 수행하여 자기 과업의 품질을 정확하게 평가하는 중요한 ATL 학습 기능을 개발하도록 돕는다.[9]

새로운 디지털 교육법

제1장에서 언급했듯이, 코로나19 팬데믹 동안 원격 학습을 경험한 학생 중 약 20%는 원격 학습 환경에서 매우 우수한 성적을 거뒀고 실제로 격리 기간 동안 학업 성취도가 향상되었다.

이 우수 학업 성취 학생들의 공통점은 다음과 같다.

- 뛰어난 조사 능력
- 높은 디지털 역량
- 자기 주도적 학습 태도
- 우수한 비판적 사고력
- 창의적인 문제 해결 능력

- 강한 동기와 끈기, 뛰어난 회복탄력성
- 학습을 스스로 통제하려는 성향
- 자율적인 학습 환경에서 뛰어난 성과를 보임

코로나19 팬데믹 이후 중요한 깨달음은 이러한 ATL 기능들이 단순히 원격 학습에 적합한 우수 학생들을 정의하는 데 그치지 않았다는 점이다. 이 기능들은 미래의 모든 직업, 경력, 직종 및 비즈니스 기회에서 성공하기 위한 핵심 기능으로도 정의되었다. 이는 모두 코로나19 이후 AI가 강화된 디지털 세상을 살아가는 데 필요한 성공을 위한 핵심 기능이다. 운이 좋은 20%만이 아니라 모든 학생이 미래에 가장 큰 이점을 누릴 수 있도록 모든 학생이 이러한 모든 ATL 기능에 대한 구체적인 교육을 받도록 하는 것이 현대적이고 미래 지향적인 교육자로서 우리의 의무라고 생각한다.

내가 제안하는 학교 기반 교육의 새로운 패러다임에는 모든 과목에서 일부 원격 학습을 실행 가능한 교육 방법으로 제공하고 자기 관리 학습의 모든 ATL 기능을 교육하기 위해 의도적으로 배치하는 것이 포함된다.

이를 위해 다음이 필요하다.

- 교사가 수업 및 단원 설계에 소규모 또는 대규모 원격 학습 연습을 구축할 것
- 교사가 원격 학습을 자기 관리에 대한 특정 ATL 기능을 가르칠 기회로 활용할 것
- 원격 학습과 교사 주도 학습을 동시에 고려한 수업을 설계할 것(명확하고 일관된 학습 목표와 시간 계획 포함)
- 자신의 학습 관리 능력이 입증된 학생을 원격 학습 대상으로 선정할 것
- 모든 학교에 중앙에서 감독하는 원격 학습 공간(예: 학교 도서관)을 마련할 것

- 학습의 자기 관리를 모든 학생이 목표로 삼도록 만들 것

새로운 디지털 교육법

- 원격 학습을 자기 관리 학습 기능 개발을 위한 최적의 훈련 기회로 활용한다.
- 자기 관리 학습자 양성을 학교 교육의 최우선 목표로 삼는다.
- 이미 자기 관리 능력이 가장 뛰어난 학습자의 높은 학업 성취도를 확보한다.
- 모든 학생이 학습에서 더 많은 통제력, 자유, 선택권을 원하도록 내재된 동기를 활용한다.
- 교사가 위험을 감수하고 학생이 자신의 학습에 대해 더 많은 선택권과 통제권을 갖도록 요구한다.
- 학생들에게 미래의 모든 직업, 경력 및 비즈니스에 가장 중요한 기능을 실시간으로 경험하고 훈련할 기회를 제공한다.

지금까지 살아오면서 텔레비전, 팩스, CD, DVD, 개인용 컴퓨터, 인터넷, 디지털카메라, 이메일, 신용 카드, 소셜 미디어, 휴대전화, 문자 메시지, 셀카, 자율 주행 자동차, 인공지능, 온라인 쇼핑, 온라인 데이트, 재활용, 전자책 등 수많은 발명품이 등장하는 것을 목격했다. 이러한 모든 변화는 전 세계 모든 사람에게 지대한 영향을 미쳤으며 50년의 어렸을 때와 비교해 보면 오늘날의 삶을 거의 알아볼 수 없게 달라졌다. 50년 전보다 더 거슬러 올라간다면 어떨까? 200년 전의 시간 여행자가 오늘날 당신의 나라에 도착했다고 상상해 보라. 무엇을 알아볼 수 있을까? 거의 아무것도 없을 것이다.

그러나 분명히 인식할 수 있는 한 가지는 학교 기반 교육일 것이다. 200년 전 아이들은 연령에 따라 정해진 그룹으로 묶여 교실 앞의 교사가 엄격하게 정해진 교과 과정을 가르쳤고 정보 유지 능력을 테스트하기 위해 고안된 평가

를 통과해야만 '탈출'이 허용되었다. 지금과 크게 달라진 점이 있을까?

학교 기반 교육의 혁명은 이미 오래전에 일어났으며 모든 학생에게 ATL 기능 교육의 이점을 제공하는 것의 타당성과 필요성을 계속 부정하는 것은 오늘날의 현실을 부정하는 것과 같다. 이 책이 이러한 변화를 불러오는 데 유용한 몇 가지 실질적인 전략을 제공했기를 바란다.

이 변화를 시작할 수 있는 사람은 바로 당신이다.

ATL 기능 교육을 위한 참고 사항 및 참고 자료

교사를 위한 완벽한 지침서

제1장 ATL 기능 교육에 대한 세계적 필요성

1. World Health Organization. (2020). *Considering the impact of Covid-19 on children*. WHO Europe. https://www.who.int/europe/activities/considering-the-impact-of-covid-19-on-children
2. Lee, J. (2020). Mental health effects of school closures during Covid-19. *The Lancet Child & Adolescent Health*. https://www.thelancet.com/journals/lanchi/article/PIIS2352-4642(20)30109-7/fulltext
3. Santamaría, M. S.-E. (2021). Teacher stress, anxiety and depression at the beginning of the academic year during the Covid-19 pandemic. *Global Mental Health*. Cambridge University Press. https://www.cambridge.org/core/journals/global-mental-health/article/teacher-stress-anxiety-and-depression-at-the-beginning-of-the-academic-year-during-the-covid19-pandemic/5753CEFCBF84FB5F7621042C56D47554
4. Burgess, S. (2020. 7. 24.). UK children could lose 3% of lifetime earnings due

to lockdown school closures. *The Guardian*. https://www.theguardian.com/education/2020/jul/24/uk-children-could-lose-3-of-lifetime-earnings-due-to-lockdown-school-closures

5. Hanushek, E. A., & Woessmann, L. (2020). *The economic impacts of learning losses*(OECD Education Working Papers No. 225). OECD Publishing. https://www.oecd.org/en/publications/the-economic-impacts-of-learning-losses_21908d74-en.html
6. Zhu, D. R. (2021. 5.). Low achieving students benefit most from Covid-19 online switch. *Phys.org*. https://phys.org/news/2021-05-students-beneft-covid-online.html
7. Kidger, D. J. (2020). Teens' anxiety levels dropped during pandemic. BBC. https://districtadministration.com/childrens-mental-wellbeing-improved-early-months-covid-lockdown/
8. King, L. G. (2022. 5. 24.). Students who thrived under lockdown [Video]. YouTube. https://www.youtube.com/watch?v=euqMV6U2X-M
9. World Economic Forum. (2018. 1. 26.). *The future of education, according to experts at Davos*. World Economic Forum. https://www.weforum.org/stories/2018/01/top-quotes-from-davos-on-the-future-of-education/
10. Schleicher, A. (2018). World class: How to build a 21st-century school system. OECD Publishing. https://www.oecd-ilibrary.org/docserver/9789264300002-en.pdf
11. Mitra, S. (2010. 9.). *The child-driven education* [Video]. TED. http://www.ted.com/talks/lang/en/sugata_mitra_the_child_driven_education.html
12. OECD. (2018). *The future of education and skills: Education 2030* (OECD Education Policy Perspectives No. 98). OECD Publishing. https://doi.org/10.1787/54ac7020-en
13. OECD. (2020). *What students learn matters: Towards a 21st century curriculum*. OECD Publishing. https://doi.org/10.1787/d86d4d9a-en
14. OECD. (2021). *21st-century readers: Developing literacy skills in a digital world*. OECD Publishing. https://doi.org/10.1787/a83d84cb-en
15. OECD. (2023). *EDPC(2023)11* [Unpublished internal policy document]. https://one.oecd.org/document/EDU/EDPC(2023)11/en/pdf?sessionId=1693235164115

제2장 성공적인 사고 및 학습 기능 프로그램의 핵심 설계 요소

1. https://repository.excellencegateway.org.uk/KeySkillsPLTSPublication.pdf
2. https://dera.ioe.ac.uk/id/eprint/7268/3/PLTS_framework_v2_tcm8-936-1.pdf
3. https://dera.ioe.ac.uk/id/eprint/9322/1/QCAGuidelinesRecordingPLTSinDiploma.pdf
4. De la Harpe, B., & Radlof, A. (2000). Informed teachers and learners: The importance of assessing the characteristics needed for lifelong learning. *Studies in Continuing Education*, *22*(2), 169-182.
5. https://fles.ascd.org/staticfles/ascd/pdf/siteASCD/publications/assessment-and-di-whitepaper.pdf
6. https://www.edutopia.org/grant-wiggins-assessment
7. https://journals.sagepub.com/doi/10.1177/2096531119868079
8. https://teacherhead.com/2019/01/10/revisiting-dylan-wiliams-fve-brilliant-formative-assessment-strategies/
9. https://www.ascd.org/el/articles/creating-a-timely-curriculum-a-conversation-with-heidi-hayes-jacobs
10. http://www.hhpublishing.com/_assessments/LASSI/
11. http://www.indiana.edu/~p540alex/MSLQ.pdf
12. Schmeck, R. R., Ribich, F., & Ramanaiah, N. (1977). Development of a self-report inventory for assessing individual differences in learning processes. *Applied Psychological Measurement*, *1*(3), 413-431.
13. Guthke, J. (1992). Learning tests—the concept, main research findings, problems and trends. *Learning and Individual Differences*, *4*(2), 137-151.
14. Biggs, J. B. (1987). *Study process questionnaire manual: Student approaches to learning and studying*. Australian Council for Educational Research.
15. http://www.celt.iastate.edu/teaching/cat.html
16. http://technologication.com/fles/2010/03/Zimmerman_Pons_Student_Self_Regulation.pdf
17. art, B. C., & Clarke, J. A. (1991). Helping students become better learners: A case study in teacher education. *Higher Education*, *22*(3), 317-335.

18. Hattie, J. (2009). *Visible learning*. Routledge.

19. Hattie, J., Biggs, J., & Purdie, N. (1996). Effects of learning skills interventions on student learning: A meta-analysis. *Review of Educational Research*, *66*(2), 99-136.

20. Kuhn, D. (2000). Metacognitive development. *Current Directions in Psychological Science*, *9*, 178-181.

21. Dweck, C. S. (2008). Brainology: Transforming students' motivation to learn. Independent School, 67(2), 110-119.

22. Derry, S. J., & Murphy, D. A. (1986). Designing systems that train learning ability: From theory to practice. *Review of Educational Research*, *56*(1), 1-39.

23. Kobayashi, K. (2004). What limits the encoding effect of note-taking? A meta-analytic examination. *Contemporary Educational Psychology*, *30*(2), 242-262.

24. Yaworski, J., Weber, R., & Ibrahim, N. (2000). What makes students succeed or fail? The voices of developmental college students. *Journal of College Reading and Learning*, *30*(2), 195-219.

25. Paris, S. G., & Winograd, P. (1990). Promoting metacognition and motivation of exceptional children. *Remedial and Special Education*, *11*(6), 7-15.

26. Ridley, D. S., Schutz, P. A., Glanz, R. S., & Weinstein, C. E. (1992). Self-regulated learning: The interactive influence of metacognitive awareness and goal-setting. *The Journal of Experimental Education*, 60(4), 293-306.

27. Zimmerman, B. J., & Pons, M. M. (1986). Development of a structured interview for assessing student use of self-regulated learning strategies. *American Educational Research Journal*, *23*(4), 614-628.

28. Dweck, C. S., & Sorich, L. (1999). Mastery-oriented thinking. *Coping*, *11*, 232-251.

29. Dreyfus, H., & Dreyfus, S. E. (2000). *Mind over machine*. Free Press.

30. Berliner, D. C. (2004). Describing the behavior and documenting the accomplishments of expert teachers. *Bulletin of Science, Technology & Society*, *24*(3), 200-212.

31. Maslow, A. H. (1987). *Motivation and personality* (3rd ed.). Addison-Wesley.

32. Stephenson, J., & Weil, S. W. (1992). *Quality in learning: A capability approach in higher education*. Kogan Page.
33. https://www.kathmurdoch.com.au/
34. https://www.claireamos.com/
35. https://www.trevormackenzie.com/
36. https://jaymctighe.com/
37. https://teacherfulton.wordpress.com/2019/04/03/concept-based-education-the-structure-of-knowledge/

제3장 ATL 기능 프레임워크: ATL 기능의 14가지 범주

1. International Baccalaureate. (2014). *MYP ATL skills framework* (original version) [Excel spreadsheet]. https://www.taolearn.com/wp-content/uploads/2023/12/23OrigianlfullMYPATLFramework.xlsx
2. International Baccalaureate. (2017). *DP ATL skills framework* (original version) [Excel spreadsheet]. https://www.taolearn.com/wp-content/uploads/2022/07/2020DPATLSkillsFullFramework.xlsx
3. International Baccalaureate. (2020). *MYP evaluation report 2020: Retrospective executive summary*. https://www.ibo.org/globalassets/new-structure/research/pdfs/cec-myp-evaluation-report-retrospective-executive-summary.pdf
4. Claremont Evaluation Centre. (2020). *MYP evaluation report* [PDF]. International Baccalaureate. https://www.ibo.org/globalassets/new-structure/research/pdfs/cec-myp-evaluation-report.pdf
5. International Baccalaureate. (2024). *ATL skills framework* (14-category version) [Excel spreadsheet]. https://www.taolearn.com/wp-content/uploads/2024/01/2414CatATLFulllFramework.xlsx

제4장 정신 건강을 위한 정서적 ATL 기능 가르치기

1. Dweck, C. S. (2008). Brainology: Transforming students' motivation to learn. *Independent School*, *67*(2), 110-119.
2. http://www.youtube.com/watch?v=gWaK2mI_rZw
3. http://greatergood.berkeley.edu/article/item/tips_for_teaching_mindfulness_to_kids/
4. http://www.psychologytoday.com/blog/creative-development/200902/mindfulness
5. http://www.mindfulnessinstitute.ca/Portals/15/pdf/Integrating_Mindfulness_Training_Into_K-12_Education.pdf
6. http://www.teach-nology.com/web_tools/games/concentration/
7. https://trans4mind.com/jamesharveystout/concent.htm
8. http://www.lumosity.com
9. https://www.teachstarter.com/gb/blog/10-ways-to-improve-student-concentration-gb/
10. https://www.dana.org/article/how-arts-training-improves-attention-and-cognition/
11. http://www.learn-to-meditate.com/
12. https://how-to-meditate.org/
13. https://blog.mindvalley.com/mantra-meditation/
14. https://www.alfiekohn.org/teaching/pdf/Punished%20by%20Rewards.pdf
15. https://inlpcenter.org/nlp-anchoring/
16. https://www.ted.com/talks/dan_pink_the_puzzle_of_motivation
17. https://www.collegetransition.org/student-supporters/research-briefs/attributional-retraining/
18. https://taolearn.com/wp-content/uploads/articles/article28.pdf

제5장 자기 인식을 위한 메타인지적 ATL 기능 가르치기

1. https://studyfnds.org/ofce-worker-1700-hours-computer-screen/
2. Hattie, J. (2009). *Visible learning*. Routledge.

제6장 학업 성공을 위한 인지적 ATL 기능 가르치기

1. https://www.mindtools.com/a9wjrjw/ebbinghauss-forgetting-curve
2. https://www.getclockwise.com/blog/eisenhower-matrix

제8장 자기 관리 학습자 양성하기

1. Zimmerman, B. J., & Pons, M. M. (1986). Development of a Structured Interview for Assessing Student Use of Self-Regulated Learning Strategies. *American Educational Research Journal*, *23*(4), 614-628.
2. Schunk, D. H., & Zimmerman, B. J. (1997). Social origins of self-regulatory competence. *Educational Psychologist*, *32*(4), 195-208.
3. Wolters, C. A. (2011). Regulation of motivation: Contextual and social aspects. *Teachers College Record*, *113*(2), 265-283.
4. de Bruin, A. B., Thiede, K. W., Camp, G., & Redford, J. (2011). Generating keywords improves metacomprehension and self-regulation in elementary and middle school children. *Journal of experimental child psychology*, *109*(3), 294-310.
5. Vrieling, E., Bastiaens, T., & Stijnen, S. (2012). Effects of Increased Self-Regulated Learning Opportunities on Student Teachers' Motivation and Use of Metacognitive Skills. *Australian Journal of Teacher Education*, *37*(8).

6. Vrieling, E., Bastiaens, T., & Stijnen, S. (2011). Process-oriented design principles for promoting self-regulated learning in primary teacher education. *International Journal of Educational Research*, *49*(4-5), 141-150.

7. Kistner, S., Rakoczy, K., Otto, B., Dignath-van Ewijk, C., Büttner, G., & Klieme, E. (2010). Promotion of self-regulated learning in classrooms: Investigating frequency, quality, and consequences for student performance. *Metacognition and Learning*, *5*(2), 157-171.

8. Schunk, D. H., & Zimmerman, B. J. (2007). Influencing children's self-efficacy and self-regulation of reading and writing through modeling. *Reading & Writing Quarterly: Overcoming Learning Difficulties*, *23*(1), 7-25.

9. Vermunt, J. D., & Verloop, N. (1999). Congruence and friction between learning and teaching. *Learning and Instruction*, *9*(3), 257-280.

저자 소개

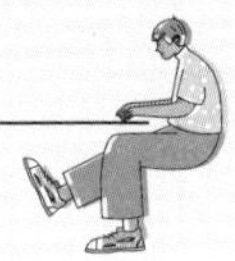

Lance G. King

랜스 킹(Lance G. King)은 지난 29년 동안 39개국 300여 개 학교에서 수많은 학생, 교사, 부모와 함께 일한 저명한 저자이자 교육 전문가이다. 그는 25만 명 이상의 학생에게 가르친 '학습의 기술(Art of Learning)' 프로그램을 개발했으며 사고와 학습 기능(21세기 역량)을 가르치는 전문가이다. 또한 그는 국제 바칼로레아(International Baccalaureate: IB) 본부에서 MYP 프로그램의 학습 접근 방법(ATL) 프레임워크를 설계하고 개발한 창안자이다. 그가 개발한 ATL은 현재 160개국 5,000개 이상의 IB 학교에서 실행되고 있다.

랜스 킹은 교사, 학생과 부모를 대상으로 한 워크숍에서 활발히 활동하는 발표자이자 학습과 교수법에 관한 저서 일곱 권을 집필한 저자이다. 그중 두 권은 중국어, 프랑스어, 베트남어, 스페인어로 번역되어 출판되었다. 현재 랜스 킹은 네 명의 성인 자녀와 함께 뉴질랜드 래글란에 거주하면서, 전 세계를 돌며 워크숍을 진행하고, 저술 활동도 꾸준히 이어 가고 있다.

역자 소개

고은지(Ko Eunjee)

한국교원대학교 영어교육 박사(수료)
국제영어대학원대학교(IGSE) 영어교육 석사(졸업)
IB MYP/DP Educator Certificates
현 충청남도 교육청 중등 영어 교사
남서울대학교 IBEC 과정 객원강사
공주교육대학교 IBEC 과정 특임교수
IB MEP(다국어 편집 출판 부서) 프리랜서 번역자 및 감수자
개념 기반 교육과정과 수업(CBCI) 공인 트레이너 및 컨설턴트
한국개념기반교육협회 초대 학술연구이사
koeunjee30@gmail.com
https://www.edu-tribes.com

이요나(Lee Yona)

싱가포르 난양이공대학(NTU) 교육평가 석사(졸업)
IB MYP Educator Certificate
한국어교원자격증 과정 이수
현 IB MEP(다국어 편집 출판 부서) 한국어 번역팀장
교육분야 전문 번역가
yonaing@gmail.com

박태호(Park Taeho)

한국교원대학교 대학원 박사(졸업)

전 한국교육과정평가원 연구원

현 공주교육대학교·국립공주대학교·충남대학교 IBEC 컨소시엄 협의회 의장

공주교육대학교 교육대학원장

공주교육대학교 수업코칭연구소 소장

주요 저・역서 『과학성으로 수업의 기본을 다지고 예술성으로 꽃 피우기』(학지사, 2025), 『4C 핵심역량에 기초한 미래형 교실수업』(공역, 아카데미프레스, 2017), 『아하! 학생 배움중심의 PCK 수업 설계 Ⅰ・Ⅱ』(공저, 아카데미프레스, 2015), 『아하! 학생 배움중심의 수업 코칭 전략』(역, 아카데미프레스, 2014), 『효과적인 수업 관찰(6판)』(공역, 아카데미프레스, 2012)

pthmykey1@naver.com

IB 교육 실현을 위한

학습 접근 방법

〔교사 지침서〕

Teaching ATL Skills

2025년 9월 30일 1판 1쇄 발행
2026년 2월 25일 1판 3쇄 발행

지은이 • Lance G. King
옮긴이 • 고은지 · 이요나 · 박태호
펴낸이 • 김 진 환
펴낸곳 • (주) 학지사
04031 서울특별시 마포구 양화로 15길 20 마인드월드빌딩 5층
대표전화 • 02) 330-5114 팩스 • 02) 324-2345
등록번호 • 제313-2006-000265호
홈페이지 • http://www.hakjisa.co.kr
인스타그램 • https://www.instagram.com/hakjisabook

ISBN 978-89-997-3545-5 93370

정가 18,000원